IMPACTO DEL COMERCIO TRANSFRONTERIZO DE PRODUCTOS DESDE CEUTA A MARRUECOS

UNA PROPUESTA METODOLÓGICA DE ANÁLISIS
IIª PARTE

José Aureliano Martín Segura
Alejandro Ramírez Hurtado
César Pérez López

INSTITUTO DE ESTUDIOS CEUTÍES
CEUTA 2024

El contenido de esta publicación procede de la Beca concedida por el Instituto de Estudios Ceutíes, perteneciente a la Convocatoria de Investigación de 2018

Colección *Trabajos de Investigación*

Ciencias Sociales

© EDITA: INSTITUTO DE ESTUDIOS CEUTÍES
Apartado de correos 593 • 51080 Ceuta
Tel.: + 34 - 956 51 0017
E-mail: iec@ieceuties.org
www.ieceuties.org

Comité editorial:
Carlos Pérez Marín • José Luis Ruiz García
Adolfo Hernández Lafuente • María José Fernández Maqueira
Guadalupe Romero Sánchez • María Jesús Fuentes García

Jefa de publicaciones:
María Teresa Cuesta Chaparro

Diseño y maquetación:
Enrique Gómez Barceló

Realización e impresión:
Papel de Aguas S. L. - Ceuta

ISBN: 978-84-18642-44-9
Depósito Legal: CE 24 - 2024

ÍNDICE

IMPACTO DEL COMERCIO TRANSFRONTERIZO DE PRODUCTOS DESDE CEUTA A MARRUECOS

UNA PROPUESTA METODOLÓGICA DE ANÁLISIS
II PARTE

Investigador principal:

José Aureliano Martín Segura.

Licenciado en Derecho y en Ciencias Económicas y Empresariales. Doctor en Ciencias Económicas y Empresariales por la Universidad Nacional de Educación a Distancia. Graduado en Estadística Aplicada por la Universidad Complutense de Madrid.

Colaboradores:

Alejandro Ramírez Hurtado.

Licenciado en Administración y Dirección de Empresas por la Universidad de Granada. Premio Nacional a la Excelencia en el Rendimiento Académico Universitario por el Ministerio de Educación, Cultura y Deporte en 2009.

Cesar Pérez López.

Licenciado en Matemáticas y en Ciencias Económicas y Empresariales. Doctor en Ciencias Económicas. Estadístico Facultativo del Estado.

RESUMEN EJECUTIVO

La convocatoria de ayudas a la investigación del Instituto de Estudios Ceutíes para el año 2018 fue publicada en el Boletín Oficial de la Ciudad Autónoma de Ceuta nº 5775 de fecha 20/4/2018. Con fecha 26 de octubre de 2018, la comisión de Becas y Ayudas a la investigación del Instituto de Estudios Ceutíes redactó el acuerdo de propuesta de resolución definitiva mediante el cual se nos concedía ayuda a la investigación al Proyecto presentado y titulado *Comercio transfronterizo de productos desde Ceuta a Marruecos. Una propuesta metodológica de análisis. II Parte*. Este Proyecto ha sido desarrollado durante todo el año 2019, habiendo solicitado una prórroga para presentarlo, que fue aceptada, dadas las dificultades encontradas en la recopilación y tratamiento de los datos hasta 2018.

El 24 de enero de 2000, el Consejo de la Unión Europea y la Comisión de las Comunidades Europeas, aprobaban en nombre de la Comunidad Europea y de la Comunidad Europea del Carbón y del Acero, el Acuerdo euromediterráneo por el que se establece una asociación entre las Comunidades Europeas y sus Estados miembros, por una parte, y el Reino de Marruecos, por otra, firmado en Bruselas el 25 de febrero de 1996. Esta decisión se publicaba en el Diario Oficial de las Comunidades Europeas del 18 de marzo de 2000 (2000/204/CE, CECA). Este acuerdo entró en vigor el 1 de marzo de 2000.

Conforme al artículo 6 del referido acuerdo, la Comunidad y Marruecos crearían gradualmente una zona de libre comercio en el transcurso de un período de transición de doce años como máximo, a partir de la entrada en vigor del mismo, de conformidad con las disposiciones que se contenían en el mismo y con las del Acuerdo General sobre Aranceles Aduaneros y Comerciales de 1994 y los demás acuerdos multilaterales sobre comercio de mercancías anejos al Acuerdo constitutivo de la Organización Mundial del Comercio (GATT). Por tanto, para el año 2012 se preveía que estuviese concluido el desarme arancelario en Marruecos, que liberalizaría sus intercambios comerciales y que llevaría a un abaratamiento de determinados productos. Indudablemente esto iba a afectar al desarrollo económico de Ceuta, pues muchos de los productos que a esta Ciudad Autónoma se importaban, se reexportaban a Marruecos a través de una aduana que, pese a no estar reconocida a efectos comerciales, existe.

Uno de los objetivos del trabajo que se presentó a la opinión pública en 2010, (Martín S., J.A. y Ramírez H., A. en el libro Gómez C. C (coord.) et al (2010), bajo el título *Impacto del desarme arancelario de Marruecos sobre Ceuta. Una propuesta metodológica de análisis*, fue analizar el impacto económico sobre la economía de Ceuta de dicho desarme arancelario de Marruecos. Los resultados obtenidos entonces confirmaron que el desarme arancelario de Marruecos ejercería una influencia significativa y negativa, sobre la evolución de la economía local a través de la disminución de las importaciones, aunque esto podía quedar compensado vía crecimiento económico de dicho país.

Se ha llevado a cabo una actualización de aquel estudio presentado en 2010, con nuevos datos de la serie histórica de importaciones de productos a Ceuta desde 2007 a 2018, volviendo a estimar el modelo econométrico, al objeto de comprobar si se han cumplido las previsiones que en el mismo se hacían. El interés de este estudio para Ceuta es primordial, pues en un momento de la historia de Ceuta, en la que su modelo clásico de desarrollo económico basado en la situación de puerto franco, está en declive, conocer el impacto del desarme arancelario de Marruecos en la economía ceutí en forma de predicciones de futuro, resulta fundamental, al objeto de poder planificar las acciones a medio y largo plazo.

Partimos de la hipótesis de trabajo de que la extensión del modelo que en su día se hizo con datos más actuales, confirmaría que el desarme arancelario de Marruecos está influyendo de forma negativa en la economía de Ceuta, si bien esta influencia negativa quedaría algo amortiguada con el crecimiento económico de Marruecos, que podría llevar a muchos de sus ciudadanos de niveles económicos más altos, a visitar la ciudad como turistas y a consumir sus productos en la misma. También estaría amortiguada con la propia actividad económica de Ceuta, cuyo presupuesto por recaudación del impuesto local (IPSI) está garantizado legalmente, independientemente de las fluctuaciones del mismo.

Los resultados obtenidos nos llevan a las siguientes conclusiones:

a) El censo de población se ha mantenido prácticamente invariable en poco más de 80.000 personas, desde 2012 en adelante.

b) En Ceuta se sigue teniendo una de las tasas de desempleo más altas del país. En cifras de parados inscritos en el Servicio Público de Empleo Estatal (SEPE), después de haber descendido hasta 11.610 personas en 2019, nuevamente se incremento a 12.893 persona en 2020, una vez declarada la pandemia del COVID-19, aunque el PIB se mantuvo en crecimiento en los últimos años.

c) El sector Servicios acapara el 89,4% de toda la actividad económica (42,3% para servicios de mercado y 47,1% para servicios de no mercado).

d) A Ceuta se importan anualmente más de 500 productos desde la peninsula y Unión Europea. De estas cantidades, lo que se estima que se exporta a Marruecos ha estado descendiendo desde 2012, pasando de representar un 69,80 % del total de importaciones hasta el 57,60 % en 2018, que en relación al Valor Añadido Bruto Total de Ceuta, supondría el 51,65 % en 2012 y el 37,22 % en 2018.

e) Comparando estas cantidades con la evolución de la variable PR, que representa los precios relativos de los aranceles medios marroquíes respecto al impuesto local ceutí, observamos que los mismos son claramente descendentes desde 2003, estabilizándose a partir de 2012, como era de esperar. Sin embargo, como se ha dicho, las exportaciones a Marruecos estuvieron creciendo, pese al desarme arancelario iniciado en 2002, hasta 2012, que comenzaron a descender.

f) Lo anterior nos indicaría que el desarme arancelario de Marruecos ha empezado a surgir algún efecto solo a partir de 2012, quizás porque las infraestructuras logísticas de distribución en Marruecos no estaban preparadas para asumir el incremento de importaciones que era previsible se daría a consecuencia de dicho desarme arancelario.

g) Pese a lo anterior, algunos grupos de productos como alfombras y revestimiento de suelos; azucar y confituras; café té y cacao; lubricantres; cristalería, vajillas y cubertería; frutas; pescado; productos y aparatos médicos y soporte para registros de imagen y sonido, han seguido con su incremento en las exportaciones incluso después de 2012.

h) La estimación de los factores que influyen en las exportaciones a Marruecos (expm), se hizo a través de un modelo en el que todas sus variables independientes eran significativas individual y conjuntamente y en el que se habían eliminado los problemas de autocorrelación, efectos dinámicos y cambio estructural.

i) Los precios relativos de los aranceles de Marruecos respecto al impuesto local de Ceuta influyen de forma significativa en las exportaciones a Marruecos. Por cada punto de descenso de su valor, disminuirán 212.026,8 euros de exportaciones hacia Marruecos desde Ceuta.

j) También se observa que el PIB de Marruecos del año anterior ejerce una influencia positiva y significativa (en los paneles de datos se admiten como significativas probabilidades de hasta el 30%) en el incremento de estas exportaciones, aunque en una cantidad no muy elevada, pues su coeficiente es cercano a cero. Es decir, el crecimiento económico de Marruecos está ayudando al sostenimiento de parte de la economía ceutí.

k) El modelo ha captado un cambio estructural en el mismo a partir de 2012, que es cuando se acabó el proceso de desarme arancelario del acuerdo. El efecto permanente del mismo en las exportaciones ha alcanzado la cifra negativa de 4.149.110 €.

l) Otro efecto importante captado es que las exportaciones a Marruecos del año anterior ejercen una influencia significativa y positiva en las exportaciones del año siguiente de 0,97 euros por cada euro de variación de las mismas. Esto sería como una especie de efecto llamada.

m) En el Producto Interior Bruto de Ceuta influyen de forma positiva y significativa las importaciones a Ceuta, a razón de 0,09 euros por cada euro de cambio en las importaciones. Es decir, si las mismas se resienten a consecuencia de la disminución de las exportaciones a Marruecos, el PIB de Ceuta también lo hará.

n) La inversión en bienes de capital (FBKFCE) también influye de forma positiva y estadísticamente significativa en el PIBCE, a razón de 1.318 euros por cada euro de variación en la misma. Por tanto, un plan económico de reactivación de la economía ceutí basado en un incremento de las inversiones públicas y privadas, compensaría de forma importante el deterioro que su economía está sufriendo a consecuencia del desarme arancelario de Marruecos.

o) De la misma forma, el PIB de Marruecos del año anterior, sigue teniendo una influencia positiva y significativa, aunque muy pequeña y ligada al efecto del cambio estructural desde 2012, que se puede cifrar en 7.900 euros por cada dólar de variación del mismo. Es decir, también en esta ecuación se ve claramente que, pese al cambio estructural sufrido a consecuencia de la finalización del desarme arancelario de Marruecos, el crecimiento económico sostenido de Marruecos está ayudando, en parte, a la economía ceutí.

p). Hay un factor importante que ha surgido, independientemente de la evolución del comercio con Marruecos, a saber, el cierre de la frontera comercial con Ceuta en 2020. Primero, de forma unilateral por el perjuicio que, a juicio de las autoridades marroquíes, le producía el comercio "irregular" desde Ceuta. Posteriormente, a consecuencia de la pandemia del COVID-19. Cuando la presente crisis pase, será el momento de volver a plantear nuestro modelo con los nuevos datos que nos aporten desde la Agencia Tributaria de Ceuta sobre el total de importaciones desde la península. No obstante, lo que nos indica el modelo estimado es que la disminución del PIB de Ceuta que se producirá por cada euro de reducción de las exportaciones será de 0,09 euros por cada euro de disminución. Sin embargo, la batería de medidas puestas en marcha por el Gobierno de España para disminuir los efectos negativos de la pandemia podrían hacer variar los resultados.

INTRODUCCIÓN

1. Antecedentes

El 24 de enero de 2000, el Consejo de la Unión Europea y la Comisión de las Comunidades Europeas, aprobaban en nombre de la Comunidad Europea y de la Comunidad Europea del Carbón y del Acero, el Acuerdo euromediterráneo por el que se establece una asociación entre las Comunidades Europeas y sus Estados miembros, por una parte, y el Reino de Marruecos, por otra, firmado en Bruselas el 25 de febrero de 1996. Esta decisión se publicaba en el Diario Oficial de las Comunidades Europeas del 18 de marzo de 2000 (2000/204/CE, CECA). Este acuerdo entró en vigor el 1 de marzo de 2000.

Conforme al artículo 6 del referido acuerdo, la Comunidad y Marruecos crearían gradualmente una zona de libre comercio en el transcurso de un período de transición de doce años como máximo, a partir de la entrada en vigor del mismo, de conformidad con las disposiciones que se contenían en el mismo y con las del Acuerdo General sobre Aranceles Aduaneros y Comerciales de 1994 y los demás acuerdos multilaterales sobre comercio de mercancías anejos al Acuerdo constitutivo de la Organización Mundial del Comercio (GATT). Por tanto, para el año 2012 se preveía que estuviese concluido el desarme arancelario en Marruecos, que liberalizaría sus intercambios comerciales y que llevaría a un abaratamiento de determinados productos. Indudablemente esto iba a afectar al desarrollo económico de Ceuta, pues muchos de los productos que a esta Ciudad Autónoma se importaban, se reexportaban a Marruecos a través de una aduana que, pese a no estar reconocida a efectos comerciales, existe.

Uno de los objetivos del trabajo que se presentó a la opinión pública en 2010, (Martín S., J.A. y Ramírez H., A. en el libro Gómez C. C (coord.) et al (2010), bajo el título *Impacto del desarme arancelario de Marruecos sobre Ceuta. Una propuesta metodológica de análisis*, fue analizar el impacto económico sobre la economía de Ceuta de dicho desarme arancelario de Marruecos. Para ello se diseñó un método cuantitativo de estimación basado en la metodología de los modelos clásicos de equilibrio general, y se construyó un panel de datos con 56 grupos de productos de consumo, en las que se incluían las diferencias con la media nacional respecto a las importaciones a Ceuta, y una serie temporal de 1998 a 2007. Estas cantidades se ponían en relación con los precios relativos, el PIB de Ceuta y el PIB de Marruecos. Posteriormente se ponían en relación el PIB de Ceuta con dichas importaciones y con el PIB de Marruecos. Todo ello se hizo utilizando las técnicas econométricas de panel adecuadas.

Los resultados obtenidos entonces confirmaron que el desarme arancelario de Marruecos ejercería una influencia significativa y negativa, sobre la evolución de la economía local a través de la disminución de las importaciones, aunque esto podía quedar compensado vía crecimiento económico de dicho país.

Ante tal situación, se propuso dotar a Ceuta de las ventajas de región ultraperiférica, como única forma de frenar el continuo deterioro de su modelo económico, por un lado, y reconocer su peculiaridad de aparecer ligada al desarrollo económico de un país emergente, a pesar de pertenecer a la UE.

El presente trabajo es la segunda parte del de entonces, pero con datos actualizados hasta 2018.

2. Objetivos y justificación del proyecto

En primer lugar, se parte de un somero análisis de la situación económica de Ceuta, incluyendo un breve repaso de la especial normativa tributaria de la que se le ha dotado históricamente y dando unas notas de las principales magnitudes socioeconómicas de la misma para describir su situación actual.

A continuación, se llevará a cabo una actualización de aquel estudio presentado en 2010, con nuevos datos de la serie histórica de importaciones de productos a Ceuta desde 2007 a 2018, volviendo a estimar el modelo econométrico, al objeto de comprobar si se han cumplido las previsiones que en el mismo se hacían.

De la misma forma, se realizará un estudio estadístico descriptivo de todos los datos, para analizar la evolución de los principales productos, al objeto de comprender cuales son los más demandados por el vecino país, así como analizar las causas de tal demanda.

El interés de este estudio para Ceuta es primordial, pues al carecer de una frontera comercial con Marruecos, uno de los procedimientos más seguros de conocer la cantidad de productos que se exportan a Marruecos, vía Ceuta, es a través de estimaciones comparativas con el consumo medio nacional, como se hace en este caso. De esta forma, conociendo las tendencias de demanda del vecino país, podremos estar en condiciones de ayudar a las autoridades competentes a la adopción de aquellas medidas de política económica que sirvan para el desarrollo local.

En un momento de la historia de Ceuta, en la que su modelo clásico de desarrollo económico basado en la situación de puerto franco, está en declive, conocer el impacto del desarme arancelario de Marruecos en la economía ceutí en forma de predicciones de futuro, resulta fundamental, al objeto de poder planificar las acciones a medio y largo plazo. Este es el interés de los modelos econométricos predictivos que se presentan en el presente proyecto.

Partimos de la hipótesis de trabajo de que la extensión del modelo que en su día se hizo con datos más actuales, confirmaría que el desarme arancelario de Marruecos está influyendo de forma negativa en la economía de Ceuta, si bien esta influencia negativa quedaría algo amortiguada con el crecimiento económico de Marruecos, que podría llevar a muchos de sus ciudadanos de niveles económicos más altos, a visitar la ciudad como turistas y a consumir sus productos en la misma. También estaría amortiguada con la propia actividad económica de Ceuta, cuyo presupuesto por recaudación del impuesto local (IPSI) está garantizado legalmente, independientemente de las fluctuaciones del mismo.

METODOLOGÍA DE ESTUDIO

1. Descripción de las principales magnitudes de la economía de Ceuta

Como se ha explicado en apartados anteriores, se parte de un somero análisis de la situación económica de Ceuta, incluyendo un breve repaso de la especial normativa tributaria de la que se le ha dotado históricamente. Interesa especialmente resaltar el hecho de que en 2002 se reguló legalmente la *"Compensación por la que se garantiza la evolución de la recaudación por el Impuesto sobre la Producción, los Servicios y la Importación de las Ciudades de Ceuta y Melilla"*. Esta circunstancia implica que, mientras siga así establecido, Ceuta seguirá percibiendo en concepto de recaudación por el IPSI, lo que se llegó a recaudar en 2001.

Por tanto, el efecto de una disminución de exportaciones de productos a Marruecos tendría un impacto mucho menor que si no se tuviese garantizada dicha recaudación. Por esta razón, en los modelos actuales consideramos más apropiado incluir como variable que mida el valor económico de la producción en Ceuta el Producto Interior Bruto (PIB), en lugar del VAB, pues la diferencia de ambas magnitudes es, precisamente, la recaudación impositiva indirecta que graba la producción.

Asimismo, se muestran los valores de las principales magnitudes socioeconómicas de la misma para describir su situación actual.

2. Revisión bibliográfica

Los estudios sobre comercio internacional tienen una larga tradición en economía desde Adam Smith y David Ricardo. En 1950, los trabajos de Maurice Byé, Herbert Giersch y Jacob Viner desarrollaron la problemática de las uniones aduaneras. La obra de Viner *The Customs Unions Issue (1950)* constituyó el punto teórico de partida de la investigación posterior.

Para analizar el impacto económico se debe partir de modelos económicos apropiados. Una vez localizados dichos modelos, habrá que definir las variables que puedan ser capaces de influir en los mismos. A partir de aquí se dará una especificación econométrica al modelo.

Al objeto de examinar en qué medida la reducción de barreras arancelarias puede afectar a los distintos sectores comerciales, serán útiles los modelos de equilibrio parcial, o general. De lo que se trata es de modelizar el comportamiento de las importaciones, conforme al enfoque clásico, que parte de que un país importa por las necesidades de dicho bien, o también al aumentar su actividad económica y su nivel de desarrollo.

Algunos de los trabajos consultados, como el de Santos et all (2003), eran los más cercanos a nuestras pretensiones, pues en ellos se detallaba la metodología de análisis de cómo la reducción de barreras comerciales puede afectar a los distintos sectores industriales, en términos de empleo y de comercio, de las economías de España, Argentina y Brasil. Para ello se partía de dos modelos: el modelo de Equilibrio Parcial, útil para analizar los efectos en un solo sector y el modelo de Equilibrio General Computable, que permite un análisis más global al estimar los costes y beneficios en términos de producción, empleo, comercio internacional, saldo comercial y bienestar sobre toda la economía.

Para estimar el efecto de la reducción de aranceles sobre el volumen de comercio, se parte de una ecuación simple que relaciona las Importaciones (variable dependiente) con los tipos de cambio real bilateral entre países (para reflejar las variaciones en los cambios habidos en el nivel de competitividad relativa bilateral) y con el PIB del país importador. De esta forma, se construye una ecuación econométrica lineal, en escala logarítmica, que permite calcular las elasticidades, y que se estimó para el período de 1993 a 2001, desagregando por 14 sectores industriales. Se hicieron 56 estimaciones, tanto para las importaciones de España, como de los demás países respecto a España. Con los resultados de las estimaciones, los autores aplicaron al tipo de cambio una reducción equivalente al porcentaje de los respectivos aranceles y simularon el efecto neto sobre el comercio, pues consideraban que una reducción de los aranceles equivale a un aumento del tipo de cambio o, lo que es lo mismo, a una reducción del precio de las importaciones.

Los datos utilizados fueron los aranceles de la Unión Europea aplicados a las importaciones procedentes de MERCOSUR, así como los datos del Tipo de cambio real de los Bancos Centrales y los del PIB real.

Para calcular el impacto sobre el empleo, la estrategia de simulación consistió en dos fases. En una primera, el coeficiente estimado para el cambio real, que era la elasticidad precio demanda de las importaciones, les permitió calcular el impacto de la reducción de los aranceles sobre el nivel de intercambio comercial, a través de una ecuación que se detalla en su estudio y que relaciona el arancel con el incremento de importaciones. La segunda fase consistía en considerar que el efecto sobre el comercio equivale a un efecto en el mismo valor y signo en el nivel de producción sectorial. De esta forma, conociendo el impacto sobre la producción sectorial de la apertura comercial mediante dicho procedimiento, utilizando la elasticidad producto empleo (las midieron como el promedio de las elasticidades anuales, calculando la variación porcentual del empleo sobre el producto), se podrá estimar el efecto sobre el empleo.

A continuación, calcularon el impacto sobre el comercio, asumiendo la hipótesis de que los sectores industriales tienen una estructura industrial de competencia imperfecta, con economías de escala y diferenciación de productos, lo que supone que los productos intercambiados no son sustitutos perfectos y, por lo tanto, no tienen ninguna razón teórica para suponer que un incremento de las importaciones equivale a una reducción de la producción en el mercado interno.

En otro de los trabajos analizados, el de Ramil (2001), se proponen varias funciones matemáticas para estudiar el comportamiento de las importaciones, una a corto y otra a largo plazo. En ambas se incluyen, como variables explicativas, los precios relativos (el tipo de cambio en el modelo anterior) y algún indicador de la actividad económica del país (PIB en el anterior). En este caso, los precios relativos que se utilizan son el cociente entre los índices de precios de las importaciones y el índice de precios del PNB, o bien el deflactor implícito del PIB o el IPC. De la misma forma, la estimación econométrica se hace en escala logarítmica para calcular las elasticidades. Los problemas específicos de estimación no se incluyen en este esbozo, aunque se utilizan procedimientos de cointegración pues se analiza el corto y el largo plazo. También se ha de hacer notar que, a largo plazo, emplean como indicador de actividad económica la suma del consumo privado, la formación bruta de capital y las exportaciones de bienes.

En la misma línea del anterior, el trabajo de Buisán et all (1997), del servicio de estudios del Banco de España, que hace un completo análisis del sector exterior español, y aborda el análisis econométrico de las funciones de exportaciones y de importaciones a través de una metodología similar a la anterior. Y más adelante, Gracia Andía, A.B y Sanz Villarroya, I. (2006), destacan la singularidad del periodo posterior a 1986 y confirman la existencia de una nueva etapa en el comercio exterior de España a partir de la adhesion a las Comunidades Europeas, debido sobre todo al cambio de tendencia expeerimentado por la vertiente importadora. Este efecto es el que podría producirse en Marruecos, tras el acuerdo de libre comercio con la Unión Europea, cuyo impacto en la economía ceutí estamos analizando en este estudio.

Un análisis teórico de los modelos económicos de sustitución de importaciones los encontramos en Calvo (2000:62), en donde se analiza las desviaciones del comercio y sus implicaciones en el descenso del bienestar en los países que no participan en la Unión Aduanera. Para ello recurre a los modelos de Meade, Lipsey y las fundamentales aportaciones de Cooper y Massel (1995).

Desde un punto de vista más práctico, relacionado con la zona objeto de nuestro estudio, hemos encontrado el trabajo de Arce et all (2004), y Bataller et all (2000), en los que se ofrece datos interesantes de la evolución de las economías del área mediterránea, y especialmente el análisis de las repercusiones por sectores de este desarme arancelario, que puede servirnos de guía a lo largo de todo nuestro trabajo.

Por último mencionar el trabajo de Bonet (2002), que realiza una descripción de los distintos métodos de análisis del impacto de los acuerdos de comercio internacional y propone un interesante método práctico, que denomina casuístico, en el que se contienen las pautas y procesos lógicos de análisis de mercancías y sectores, fijando una estrategia de consulta y de implicación de los distintos agentes (empresarios, sindicatos, funcionarios....), y que puede resultar útil a la hora de fijar nuestras siguientes etapas de trabajo, fundamentalmente las de selección de variables, análisis de fuentes de información, construcción de encuestas y metodología de recogida de información.

Para estimar el *efecto* de la reducción de aranceles sobre el volumen de comercio se puede partir de una ecuación simple que relaciona las importaciones (variable dependiente) con los precios relativos de los productos importados entre países y con el PIB del país importador, o algún otro indicador de la actividad económica interna.

Lo anterior se puede especificar en una ecuación lineal sencilla del tipo:

$$\log(M_{ijk}) = \beta_{1ij} + \beta_{2ij}\log(PR_{jk}) + \beta_{3ij}\log(PIB_j) + \cdots + \varepsilon_{ij}$$

En donde i se refiere a los productos importados a los países j k.
M = Importaciones.
PR= Precios Relativos (aranceles y otros impuestos de importación).
PIB= Producto Interior Bruto del país importador.

La ecuación econométrica lineal, en escala logarítmica (nosotros no la haremos en escala logarítmica, al tener algunos valores estimados de intercambio comercial desde Ceuta a Marruecos negativos en determinados productos), permite calcular las elasticidades precio de la demanda de importaciones, desagregando por sectores industriales. Se harían tantas estimaciones como sectores. O también se podría construir un modelo de panel de datos, dado que la serie temporal disponible no es muy amplia. De esta forma, la estimación que se realizara obtendría unos resultados más consistentes. En nuestro caso, al depender de la reacción de Marruecos ante el desmantelamiento de sus aranceles, se puede incluir también otra variable con el PIB de dicho país.

Sobre el efecto de las diferencias arancelarias, es interesante el trabajo de Hooper P. Y Kohlhagen S.W. (1978), en el que se analiza el impacto teórico del riesgo de cambio en los precios de equilibrio para varios casos empíricos del comercio estadounidense y alemán de 1965-1975, encontrando que la incertidumbre del tipo de cambio ha tenido un impacto significativo en los precios y un efecto sobre el volumen de comercio.

Ahora bien, el problema con el que se tropezaría en dicho análisis es que Ceuta no es un país. Los modelos consultados estudian el impacto del desarme arancelario entre países. Para ello analizan los impactos sobre la producción sectorial interna de cada producto. En Ceuta, el sector mayoritario es el comercio. Apenas hay producción sectorial interna. En estas circunstancias, se hizo una adaptación específica al caso, que se detalla a continuación.

3. Adaptación de la metodología de análisis para el caso de Ceuta

Todo lo anterior nos llevó al diseño de un modelo de análisis específico para Ceuta, partiendo de los modelos consultados que estudian el impacto del desarme arancelario entre países y después analizan los impactos sobre la producción sectorial interna de cada producto. Sin embargo, en Ceuta el sector mayoritario es el comercio. No hay casi producción sectorial interna. Por ello se tuvo en cuenta que parte de las importaciones desde la península se convierte en exportaciones a Marruecos. Por tanto, la disminución de aranceles en Marruecos en esos productos podría influir en un incremento de las exportaciones desde la península hacia ese país, lo que podría conllevar una disminución de las exportaciones desde Ceuta. Pero también podría dar lugar a un incremento del PIB interno en Marruecos y, por tanto, a un incremento del consumo de estos productos o a un incremento de la producción interior de los mismos, con lo cual se compensaría dicho impacto negativo sobre nuestra economía, ya que se continuaría comprando por ambos cauces.

Por lo tanto, la primera variable que se utiliza es el total de importaciones que se realizan desde la península a Ceuta (Tablas 4 y 5). De esta cifra, se estima (de la forma que se especifica más abajo) la cantidad que se exporta a Marruecos, aunque no quede registrada oficialmente, al no existir una aduana comercial legalmente establecida. Una vez localizados estos productos, se debe tener constancia del desarme arancelario que tendrán, según el acuerdo de libre comercio. A partir de aquí estaremos en condiciones de saber qué productos se exportan a Marruecos, sus precios relativos, su importancia en la economía local y, mediante los cálculos econométricos detallados anteriormente, intentar verificar el impacto sobre la economía ceutí.

Partiendo de las cifras de importación facilitadas por los servicios aduaneros y tributarios de Ceuta, si se comparan las mismas con las cifras medias de consumo nacional de dichos productos, por diferencia se deduce, en una primera aproximación, la cantidad de productos que se dedica al comercio con Marruecos. Pero fue necesario afrontar un problema metodológico, puesto que la clasificación de importaciones en la aduana difiere de la clasificación de productos para el consumo que utiliza el INE de cara a realizar la encuesta de presupuestos familiares. En el primer caso se trabaja con la clasificación internacional de importaciones; en el segundo, con la *Classification of Individual Consumption by Purpose* (COICOP), que divide los productos de consumo en 12 grandes grupos, pudiéndose desagregar hasta los cuatro dígitos, e incluso hasta cinco en el caso de los dos primeros grupos. El problema se resolvió estableciendo una equivalencia entre productos atendiendo a criterios de coherencia, lo que nos llevó a la creación de 56 grupos homogéneos de consumo, con los que hemos construido el panel de datos para las estimaciones, que se muestran en el apartado de Tablas y Anexos.

Ahora bien, cabe formular las siguientes precisiones. Por una parte, algunos bienes de consumo (como el tabaco o las bebidas alcohólicas) podrían reexportarse también a la península. Otra partida importante son los hidrocarburos, que suponen casi el 21% del total de importaciones y que no se exportan al citado país, pero sí se consume por los vehículos que pasan la frontera. Este producto está siendo un elemento competitivo importante en el nuevo puerto de Tánger-Med. De hecho, los precios de los carburantes han llegado a ser más bajos en Marruecos que en Ceuta. Por tanto, se ha decidido mantenerlos en los cálculos. Por otra parte, las cifras de importaciones se han comparado con el consumo medio nacional. Sin embargo, las pautas de consumo son distintas en las grandes ciudades y por tramos de renta. Esta es una deficiencia en el análisis que asumimos y que, en estudios posteriores podría replantearse mediante la aplicación de determinados factores correctores. No obstante, consideramos que los resultados econométricos no variarían demasiado, de ahí que se mantengan tal cual en este estudio.

También se analizaron las series de aranceles. En el apartado de Tablas y Anexos (Tabla 7) se muestra la comparativa de la evolución de estos entre el año 2000 (cuando se firma el acuerdo de libre comercio) y el 2012 (cuando debía finalizar el desarme arancelario de Marruecos), de todos los productos que se importaban a Ceuta. Tras una comparación de dichos aranceles, por productos y años, con el impuesto local de Ceuta (IPSI), se ha obtenido una variable que hemos denominado PR, y que representa los precios relativos entre Marruecos y Ceuta por grupos homogéneos de productos.

Por último, se incluyeron las variables representativas del Producto Interior Bruto (PIB), en cifras absolutas y en términos per cápita, tanto de Ceuta, como Marruecos. Con todas estas variables se ha formado un panel de datos con el que se han realizado diversas estimaciones que se muestran en el siguiente apartado.

Se han diseñado dos ecuaciones. La primera, pone en relación las exportaciones a Marruecos, con los precios relativos, que comparan los aranceles de dichos productos a Marruecos con el impuesto local correspondiente de Ceuta. También se incluye una variable representativa del PIB de Marruecos. La ecuación sería la siguiente:

$$expm = c + c(1) * pr + c(2) * pibma + \mu_{1t}$$

Donde:

$expm$ = exportaciones a Marruecos desde Ceuta.
pr = precios relativos aranceles Marruecos IPSI Ceuta.
$pibma$ = Producto interior Bruto de Marruecos

La segunda ecuación trata de captar el impacto en el Producto Interior Bruto ceutí de la actividad comercial con Marruecos. Para ello se parte de la ecuación de equilibrio macroeconómico:

$$PIB = C + I + G + I - X$$

Siendo:

PIB = Producto Interior Bruto.
C = Consumo
I = Inversión
G = Gasto Público
I = Importaciones
X = Exportaciones.

La ecuación podría quedar de la siguiente forma en el caso de Ceuta:

$$pibce = c(3) + c(4) * impce + c(5) * fbkfce + c(6) \, pibma \, (-1) + \mu_{2t}$$

Donde:

$pibce$ = Producto Interior Bruto de Ceuta
$impce$ = Importación de productos a Ceuta
$fbkfce$ = Formación Bruta de Capital en Ceuta
$pibma$ = Producto Interior Bruto de Marruecos

Los modelos estructurales de ecuaciones simultáneas surgen de la necesidad de confrontar el almacén de modelos teóricos existentes en la economía con los datos empíricos relevantes. (Pérez L, C, 2006:266). Los modelos son estructrurales porque cada ecuación dibuja el comportamiento de un conjunto de agentes económicos. En nuestro caso, en la primera ecuación intentamos captar el efecto de la reducción de los aranceles (pr) sobre el comercio de Ceuta con Marruecos (expm). Es similar a la ecuación lineal simple de los modelos teóricos expuestos. En la segunda ecuación se intenta captar el efecto sobre la actividad economica de Ceuta (pibce), a través de la influencia del comercio con Marruecos, que se refleja en el total de importaciones de productos a Ceuta (impce) y de la propia evolución económica de dicho país (pibma). Añadimos la variable del pibce con un retardo. Aunque podríamos añadir ecuaciones para estimar cada uno de los componentes de la ecuación de equilibrio macroeconómico de la renta, y despues tratarlas todas como un modelo de equilibrio y estimarlo mediante la técnica de ecuaciones simultáneas, hemos preferido hacer la estimación de cada una de las dos ecuaciones descritas de forma independiente, al ser esto suficiente para el objetivo del presente estudio y resultar la mejor técnica ante unas series que presentan mucha carga dinámica y cambios estructurales importantes, como más adelante veremos en la resolución de los modelos.

RESULTADOS

1. Situación económica de Ceuta

Los datos básicos sobre situación y localización de Ceuta se encuentran en el anuario estadístico de la Ciudad de Ceuta y son los siguientes:

- Población de derecho según censo 2018   84.900
  - Varones   42.765
  - Mujeres   40.752
- Superficie   18'5 Km²
- Perímetro   28 Km
- Límites marinos   20 Km
- Límites terrestres   8 Km
- Altitud   345 m
- Situación
  - Latitud Norte   35º 55' – 35º 32'
  - Longitud   5º 17' W – 5º 23' W

En la siguiente gráfica ofrecemos la evolución del censo de población en Ceuta desde 1998.

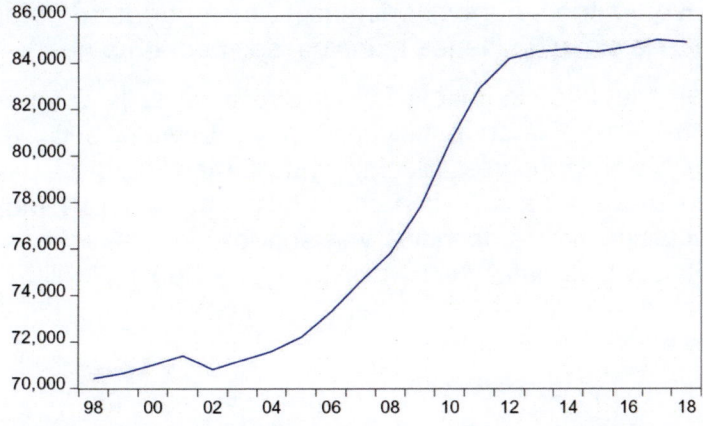

Gráfico 1 Evolución del censo de población en Ceuta desde 1998

Dadas las especiales características geográficas e históricas de las ciudades de Ceuta y Melilla, los legisladores han intentado siempre dotar de los recursos económicos necesarios para el adecuado crecimiento de dichas ciudades.

La legislación tributaria arranca básicamente en la Ley de 30 de diciembre de 1944, aunque ya se vio la necesidad a través de la Ley de 18 de mayo de 1863, de calificar la ciudad como puerto franco con el fin de facilitar su desarrollo.

Es en dicha Ley de 1944, donde ya se establece un arbitrio de ámbito municipal con el que se gravaría la importación de mercancías. Dicho arbitrio también sería conocido con el nombre de "Aforo". Este régimen fue suprimido, al menos nominalmente, por la Ley de Bases de Régimen económico y financiero de Ceuta y Melilla de 22 de diciembre de 1955, que establecía con carácter transitorio un arbitrio a la entrada de mercancías, aunque posteriormente nunca llegó a aplicarse. No obstante, esta norma sí fue muy importante ya que delimitó un sistema general de bonificaciones de los distintos impuestos, tanto municipales como estatales, al tipo del 50%.

El siguiente avance normativo no se produce hasta la Ley 8/1991, de 25 de marzo, que aprueba el Arbitrio sobre la Producción y la Importación en las ciudades de Ceuta y Melilla. Se trata de una Ley que, tal y como se recoge en la exposición de motivos de la misma, crea un arbitrio específico para las ciudades de Ceuta y Melilla, adaptado a las especiales circunstancias económicas y fiscales de estas ciudades. La diferencia fundamental entre este nuevo arbitrio y el que hasta ahora se venía aplicando radica en que con el anterior, solamente se gravaba la importación mientras que con el nuevo arbitrio se grava, además de la importación, la producción interna de toda clase de bienes muebles, se importen o no.

El marco legal de la imposición en Ceuta desde la aprobación de la citada ley 8/1991 hasta su modificación por la Ley 13/1996, de 30 de diciembre, de Medidas Fiscales, Sociales y del Orden Social, se basaba en la tributación de la importación y la producción por parte del arbitrio, mientras que la tributación de los servicios y la entrega de inmuebles se hacía a través del todavía vigente, exclusivamente para Ceuta y Melilla, Impuesto General sobre Tráfico de Empresas, creado por Decreto 3314/1966, de 29 de diciembre.

A partir de la Ley 13/1996, con entrada en vigor para el 1 de enero de 1997, se configura la actual tributación en las Ciudades de Ceuta y

Melilla. Así, a través de dicha ley, se cambia el nombre de Arbitrio sobre la producción y la importación, por el actual de Impuesto sobre la Producción, los Servicios y la Importación en las Ciudades de Ceuta y Melilla (IPSI), se deroga definitivamente el Impuesto General sobre el Tráfico de Empresas, asumiendo los hechos imponibles regulados por aquel en el nuevo impuesto creado. Se establecen dos nuevos gravámenes complementarios aplicables sobre las labores del tabaco y sobre ciertos carburantes y combustibles petrolíferos, y se regula la necesidad de aprobar, las Ordenanzas Fiscales del Impuesto sobre la Producción, los Servicios y la Importación, incorporando a las mismas las prescripciones contenidas en la ley.

En Ley 53/2002, de 30 de diciembre, de Medidas Fiscales, Administrativas y del Orden Social, en su Artículo 11, se contempla la compensación para la garantizar la evolución de la recaudación por el IPSI en las ciudades de Ceuta y Melilla.

Artículo 11. Compensación por la que se garantiza la evolución de la recaudación por el Impuesto sobre la Producción, los Servicios y la Importación de las Ciudades de Ceuta y Melilla.

Uno. Con el fin de mantener la suficiencia financiera de las Ciudades de Ceuta y Melilla, se garantiza una recaudación líquida del Impuesto sobre la Producción, los Servicios y la Importación correspondiente a las importaciones y al gravamen complementario sobre las Labores del Tabaco de las Ciudades de Ceuta y Melilla del ejercicio equivalente a la recaudación líquida del ejercicio 2001 por dichos conceptos incrementada en la variación del PIB nominal, al coste de los factores, habida en el período.

Dos. En el caso de que la recaudación líquida del ejercicio por dichos conceptos no alcance la cuantía a garantizar a que se refiere el apartado anterior, se compensará a cada una de las Ciudades con cargo a los Presupuestos Generales del Estado para el ejercicio siguiente por la diferencia calculada con arreglo a la siguiente fórmula:

$$C(x)i = [RL(2001)i * PIB(x) / PIB (2001)] - RL(x)i$$

Donde:

$C(x)i$ es la compensación a efectuar a la Ciudad (i) correspondiente al ejercicio (x) con cargo a los Presupuestos Generales del Estado para (x + 1);

$RL(2001)i$ y $RL(x)i$ son la recaudación líquida, deducida de la liquidación del Presupuesto del ejercicio, por el Impuesto sobre la Producción, los Servicios y la Importación correspondiente a las importaciones y al Gravamen complementario sobre las Labores del Tabaco de cada Ciudad (i), en el ejercicio (2001) y (x), respectivamente;

PIB (2001) y PIB(x) es el PIB nominal, al coste de los factores, Base-2001, correspondiente a los años (2001) y (x) respectivamente.

Tres. La garantía a que se refiere el apartado anterior se calculará por vez primera en relación con el ejercicio 2002, con cargo a los Presupuestos Generales del Estado para 2003".

Por último, y a modo de resumen, hay que indicar que el hecho imponible y los tipos de gravamen del IPSI son los siguientes:

- La producción o elaboración con carácter habitual de bienes corporales.
- Prestaciones de servicios.
- Entregas de bienes inmuebles que radiquen en Ceuta y Melilla.
- Consumo de energía eléctrica.
- Importación de bienes en Ceuta y Melilla.

La evolución de las principales magnitudes del modelo económico de Ceuta desde el año 2010, según los datos publicados por el Instituto Nacional de Estadística de España (INE), siguen mostrando el fuerte peso que tiene el sector Servicios de la economía, y dentro de este, el de Servicios de No Mercado, que es el correspondiente a las Administraciones Públicas (Tabla 1). Los datos fueron los siguientes:

Tabla 1. Evolución de las principales magnitudes económicas de Ceuta

Obs	EMPLEOCE (miles personas)	DESEMPLEO (tasa)	VAB (miles euros corrientes)	PIB (miles euros corrientes)
2010	29,3	24,83	1.455.013	1.588.768
2011	28,7	27,19	1.459.859	1.588.162
2012	27,8	37,17	1.422.165	1.548.079
2013	27,2	36,78	1.423.366	1.558.074
2014	27,5	32,46	1.431.197	1.569.642
2015	28,9	27,63	1.446.804	1.594.639
2016	29,6	24,92	1.477.220	1.628.028
2017	30,7	22,45	1.505.215	1.660.550
2018	30,7	29,01	1.546.704	1.709.091

Fuente: INE. Elaboración propia

La distribución porcentual del Valor Añadido Bruto (VAB) por sectores es la mostrada en la Tabla 2 siguiente:

Tabla 2. Distribución porcentual del VAB en Ceuta

Obs	AGRICULT.	INDUSTRIA	CONSTRUCCION	SERVICIOS DE MERCADO	SEVICIOS DE NO MERCADO
2010	0,1	4,3	7,1	34,4	45,6
2011	0,1	4,4	5,9	34,4	47,0
2012	0,1	4,5	5,0	36,5	45,7
2013	0,2	4,6	4,5	35,6	46,4
2014	0,2	4,6	4,3	36,2	45,9
2015	0,2	5,6	4,2	34,7	46,1
2016	0,2	5,4	4,3	35,3	46,5
2017	0,2	5,5	4,9	42,2	47,1
2018	0,2	5,3	5,1	42,3	47,1

Fuente: INE. Elaboración propia

Gráfico 2

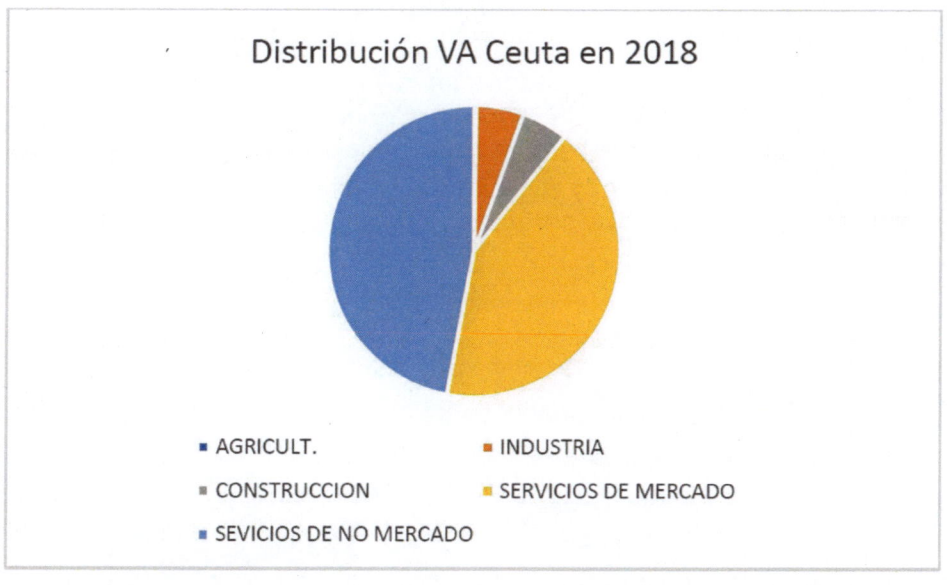

A continuación, mostramos la evolución del paro registrado por el Servicio Público de Empleo Estatal (SEPE) en los últimos cinco años, en donde se puede ver que el paro estaba disminuyendo hasta la llegada de la pandemia por el COVID-19:

Tabla 3. Paro registrado por el SEPE en Ceuta

AÑO	TOTAL (en número de personas)
2016	12.877
2017	12.445
2018	11.846
2019	11.610
2020	12.893[1]

Fuente: Elaboración Propia con datos del SEPE

2. Análisis descriptivo de los datos de importaciones de productos

El total de productos que se importan a Ceuta anualmente está por encima de los 500. Disponemos de dos series. Una que va desde 1998 a 2005. La otra, desde 2006 a 2018. La razón de presentarlas por separado es que algunos productos desaparecen y otros aparecen, siendo más práctico mostrarlas de esta forma. En el apartado de Tablas y Anexos mostramos la relación de los 30 productos de más cuantia de importación en ambas series (Tabla 4 y 5). A continuación ofrecemos el total de importaciones de estos productos por años, con su gráfica correspondiente:

1.	Datos al mes de agosto de 2020.

Impacto del comercio transfronterizo

Tabla 4

Años	Importaciones Ceuta
1998	514.493.441
1999	573.274.988
2000	700.029.654
2001	722.651.952
2002	666.408.828
2003	631.773.498
2004	561.049.292
2005	643.061.651
2006	734.600.733
2007	899.853.192
2008	905.762.883
2009	755.064.911
2010	842.720.429
2011	1.037.319.748
2012	1.093.231.817
2013	1.047.429.105
2014	1.015.849.483
2015	1.067.358.087
2016	1.000.001.598
2017	1.015.415.191
2018	999.567.310

Gráfico 3

Fuente: Elaboración Propia

Si ahora trabajamos con los grupos homogéneos de consumo creados para formar el panel de datos, los primeros resultados obtenidos arrojan las siguientes cifras globales de importaciones a Ceuta (IMPCE)[2], y, por

---

2. Se puede observar una ligera diferencia en las cantidades totales de importaciones a Ceuta en esta tabla 2 y los ofrecidos en la tabla 1, pues en esta se muestra la suma del total de importaciones, producto a producto, mientras que en la tabla 2 se está

diferencia con el consumo medio nacional, el saldo neto estimado de exportación a Marruecos (EXPM):

Tabla 5

AÑO	IMPCE (en €) CEUTA	EXPM(en €) C/ MARRUECOS	Diferencia	%EXPM/ IMPCE	%EXPM/ VA
1998	475.425.182	236.294.847	239.130.334	49,70	29,10
1999	529.924.501	287.385.366	242.539.135	54,23	32,74
2000	636.147.165	405.409.238	230.737.927	63,73	43,84
2001	664.532.786	422.774.545	241.758.241	63,62	44,09
2002	636.100.605	392.065.246	244.035.358	61,64	38,82
2003	587.781.455	345.347.063	242.434.392	58,75	32,17
2004	571.956.841	288.049.757	283.907.084	50,36	25,52
2005	631.000.921	352.079.725	278.921.197	55,80	29,64
2006	723.818.039	365.409.518	358.408.520	50,48	28,79
2007	884.856.892	527.771.579	357.085.313	59,64	38,73
2008	882.214.876	518.904.839	363.310.037	58,82	36,02
2009	728.470.737	376.470.501	352.000.236	51,68	25,90
2010	802.680.857	465.152.216	337.528.641	57,95	32,07
2011	996.827.122	651.338.240	345.488.881	65,34	44,87
2012	1.038.125.962	724.581.963	313.543.999	69,80	51,65
2013	1.006.542.722	686.405.772	320.136.951	68,19	48,40
2014	983.675.348	642.671.499	341.003.849	65,33	45,73
2015	1.066.531.350	690.985.484	375.545.866	64,79	47,64
2016	999.999.582	601.855.928	398.143.653	60,19	40,53
2017	1.014.023.455	604.635.116	409.388.339	59,63	40,17
2018	999.565.292	575.755.767	423.809.526	57,60	37,22

Fuente: Elaboración Propia con datos de la Agencia Tributaria de Ceuta

---

trabajando ya con grupos homogéneos de consumo, en los que algún producto ha podido ser excluido. No obstante, tanto las cantidades y la evolución anual es similar en ambas gráficas.

Gráfico 4

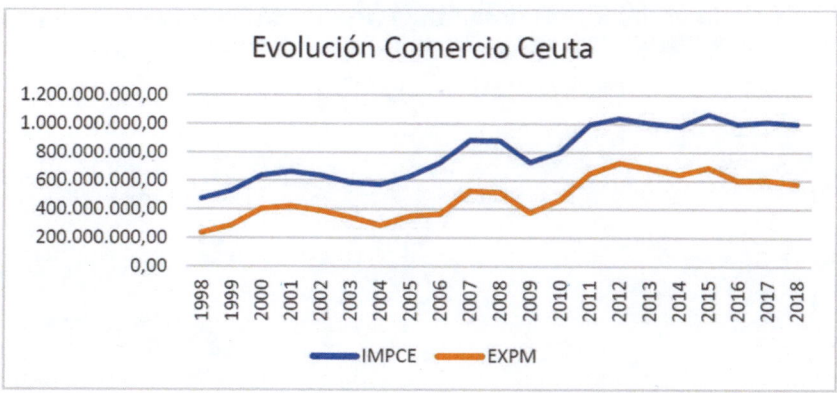

La tendencia gráfica anual de ambas series es similar. También se muestra que la tendencia de las exportaciones a Marruecos comienza a ser descendente desde 2012 en adelante, lo que también se visualiza en la gráfica elaborada con los productos individuales.

En la siguiente gráfica se ve claramente que el porcentaje de productos importados a Ceuta que se exportan a Marruecos también va descendiendo desde 2012. No obstante, ese porcentaje se mantiene por encima del 50% en casi todos los años. Y esta tendencia descendente también se ve en el porcentaje respecto al Valor Añadido Bruto de Ceuta que representan las exportaciones a Marruecos.

Gráfico 5

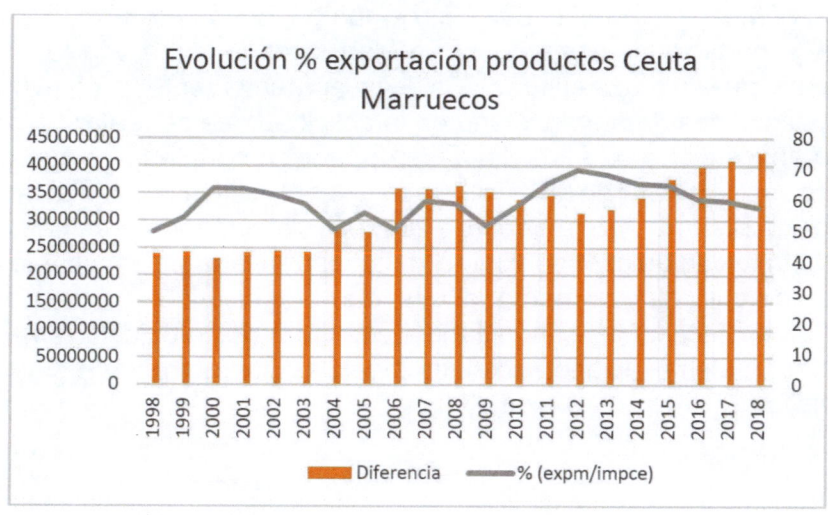

A continuación vamos a mostrar las dos gráficas de la evolución media anual de la variable representativa de las exportaciones a Marruecos desde Ceuta (EXPM) y la de los precios relativos (PR), al objeto de ver si su evolución es similar.

Gráfico 6

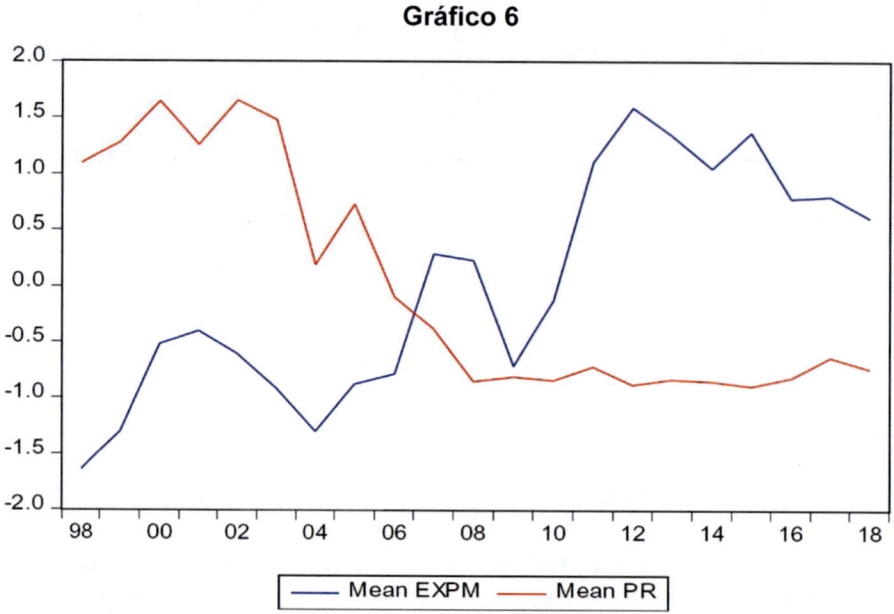

Como se puede observar, la evolución de los precios relativos de las mercancías entre Marruecos y Ceuta, que, como hemos dicho, compara los aranceles de Marruecos con los impuestos locales en Ceuta, es claramente descendente desde el año 2003. Sin embargo, desde ese año, la gráfica de las exportaciones desde Ceuta a Marruecos muestra una tendencia creciente, que se cruza en 2006. Es decir, aparentemente no estuvo influyendo dicho desarme arancelario en la actividad que se realizaba desde Ceuta en los primeros años del acuerdo, quizás porque la estructura de distribución comercial de Marruecos aún no había sido adaptada a la nueva situación. Sin embargo, a partir de 2012, se ve claramente un descenso en esta cantidad de exportaciones, lo que nos llevaría a una primera conclusión de que, efectivamente, el desarme arancelario ha comenzado a provocar el efecto que se anunciaba al comienzo del trabajo. No obstante, van a ser las estimaciones econométricas las que corroboren la validez estadística de esta conclusión.

Gráfico 7. Evolución Importaciones Ceuta Exportaciones a Marruecos en los 56 grupos homogéneos de productos

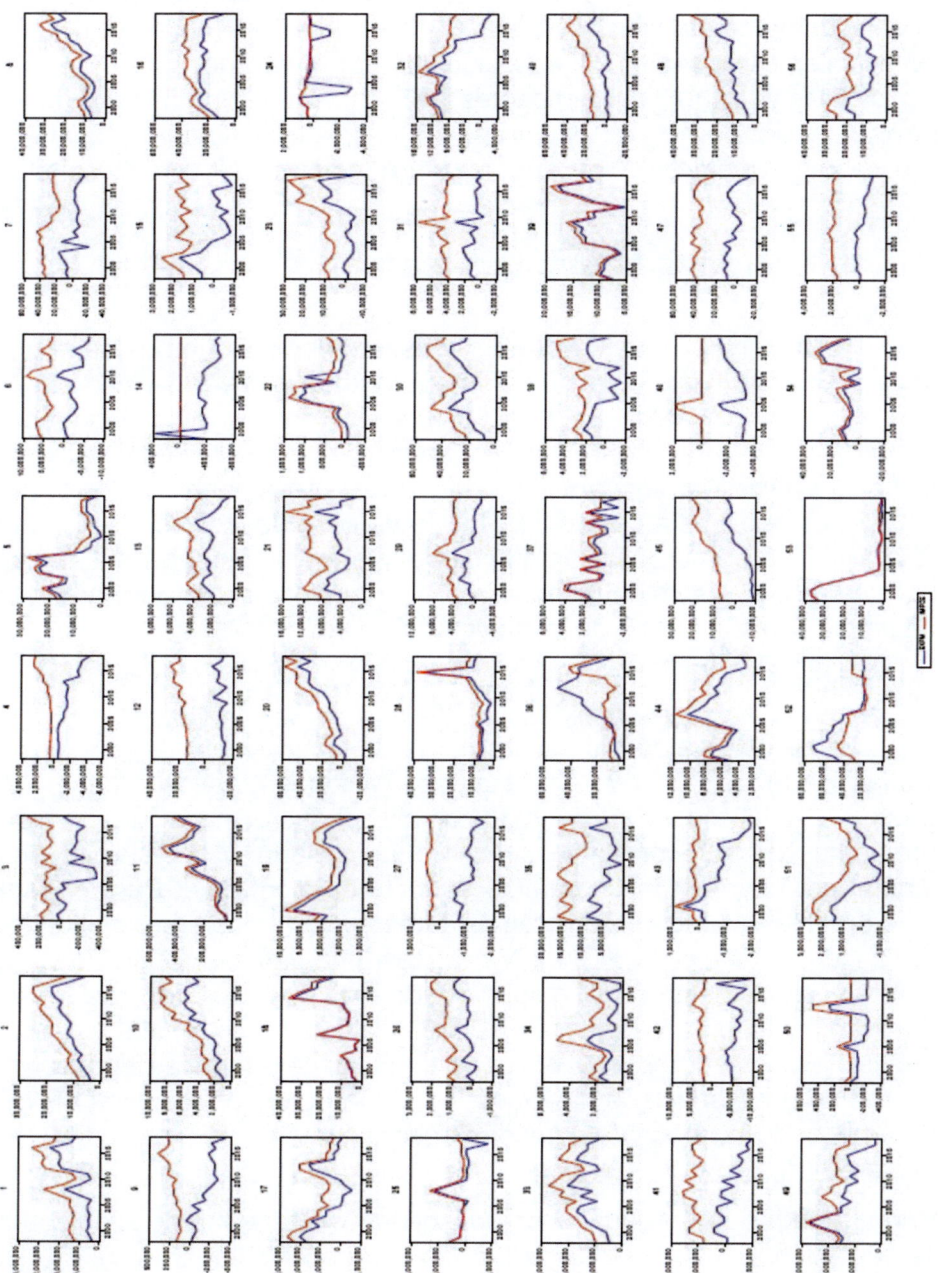

En la gráfica conjunta se puede observar claramente que la mayoría de los grupos presentan una tendencia descendente desde 2012, o incluso desde algún año anterior. Los únicos que siguen una tendencia ascendente pese al desarme arancelario de Marruecos, serían el 3 (alfombras y otros revestimientos de suelos), 8 (azucar, confituras, miel, chocolate, helados), 10 (café, té y cacao), 11 (lubricantes), 15 (cristalería, vajilla, cubertería y otros utensilios del hogar), 20 (frutas), 45 (pescado), 48 (productos, aparatos y equipos médicos) y 51 (soporte, para registro de imagen y sonido).

3. Estimaciones econométricas

Como se ha dicho antes, se ha construido un panel de datos con 56 grupos de productos de consumo, en las que se incluyen las diferencias con la media nacional respecto a las importaciones a Ceuta, y una serie temporal de 1998 a 2018. Estas cantidades, que son las exportaciones estimadas hacia Marruecos desde Ceuta (EXPM), se ponen en relación con los precios relativos aranceles/IPSI (PR) y el PIB de Marruecos. De esta forma tendríamos la ecuación que se definía en los modelos estudiados para estimar el *efecto* de la reducción de aranceles sobre el volumen de comercio con Marruecos de la siguiente forma:

$$expm = c + c(1) * pr + c(2) * pibma + \mu_{1t}$$

Los resultados de las estimaciones se incluyen en el apartado de Tablas y Anexos (Tabla 8). De estas estimaciones, tras realizar los contrastes estadísticos al uso, se pudo comprobar que el modelo presentaba problemas de autocorrelación, o correlación serial y posibles efectos dinámicos, además de un cambio estructural importante. Para corregir estos problemas, se introdujeron retardos en la variable dependiente y en la independiente del PIB de Marruecos; una variable ficticia F1, para captar el cambio estructural que se podría estar produciendo tras el desarme arancelario de Marruecos en 2012, a la que se dio el valor 1 a todos los valores posteriores a 2012 (año de finalizacion teórica del desarme arancelario) y 0 en los demás años; y un retardo en los residuos AR (1), para hacer desaparecer la autocorrelacion.

El resultado final que obtuvimos fue un modelo estimado con significatividad estadística individual y conjunta de todos los coeficientes, de donde se podía deducir que las exportaciones a Marruecos estaban influenciadas de forma significativa y positiva por los de la variable PR, que compara los aranceles de Marruecos con el impuesto local de Ceuta. Es decir, conforme la diferencia de estos precios relativos baja (es lo que está ocurriendo), a consecuencia del desarme arancelario de Marruecos, las exportaciones hacia dicho país desde Ceuta disminuyen, como era de esperar, y se ha podido comprobar gráficamente. De la misma forma, el Producto Interior Bruto de Marruecos con un retardo temporal, ejerce también una influencia positiva y significativa en dichas exportaciones, al igual que lo hace la variable dependiente EXPM retardada un periodo, lo que significa que también esta evolución de las exportaciones del año anterior influye en la evolución de las del año siguiente. Asimismo el modelo presentaba una buena significación conjunta, un valor del coeficiente de determinación R2 bastante alto, cercano a la unidad, y un valor del estadístico Durbin-Watson cercano a 2, lo que indicaría que el modelo quedó libre de autocorrelación y explica bien las variaciones de los resultados.

Los valores de los coeficientes serían los siguientes:

Dependent Variable: EXPM				
Variable	Coefficient	Std. Error	t-Statistic	Prob.
C	-2603491	1579251	-1, 648561	0,0995
PR	212026,8	40804,54	5,196156	*0,0000*
PIBMA1(-1)	3,17E-05	2,26E-05	1,402873	0,1609
F1	-1545619	1157314	-1,335523	*0,1820*
EXPM(-1)	0,974074	0,012931	75,32797	*0,0000*
AR(1)	0,180364	0,033584	5,370508	*0,0000*

Es decir, por cada punto de bajada de los precios relativos entre los aranceles de Marruecos y el Impuesto local de Ceuta (IPSI) de Ceuta, se disminuirán 212.026,8 euros de exportaciones hacia Marruecos desde Ceuta. También se observa que el PIB de Marruecos del año anterior ejerce una influencia positiva y significativa (en los paneles de datos se admiten como significativas probabilidades de hasta el 30%) en el incremento de estas exportaciones, aunque en una cantidad no muy elevada, pues su coeficiente es cercano a cero.

Asimismo, es importante destacar que la variable ficticia F1 introducida, capta el cambio estructural que se produce en el modelo a partir de 2012, año en el que finalizó oficialmente el desarme arancelario de Marruecos con la UE. Como su coeficiente es negativo, al igual que el de la constante C, lo que implica es que a partir de 2012, que se daba un valor 1 a dicha variable ficticia, el efecto aditivo negativo que ejerce este cambio estructural en las exportaciones a Marruecos es una disminución de la suma de los coeficientes de C y de F1 (-2.603.491-1.545.619=- 4.149.110 €). Es decir, se produce un cambio estructural en el sentido de una disminución permanente de las exportaciones a Marruecos desde 2012.

Otro efecto importante captado a través de la introducción de la variable dependiente representativa de las exportaciones a Marruecos, como variable independiente con un retraso de un año, es que ejerce una influencia significativa y positiva en las exportaciones del año siguiente de 0,97 euros por cada euro de variación de las mismas. Esto sería como una especie de efecto llamada.

La segunda ecuación de nuestro modelo, intenta captar el impacto en el PIB local de Ceuta, del comercio con Marruecos. Para ello se parte de una ecuación como la que sigue (ya explicada en el apartado metodológico):

$$pibce = c(3) + c(4) * impce + c(5) * fbkfce + c(6) \, pibma \, (-1) + \mu_{2t}$$

Los resultados de las estimaciones se incluyen también en el apartado de Tablas y Anexos (Tabla 9). De estas estimaciones, tras realizar los contrastes estadísticos al uso, se pudo comprobar que este modelo también presentaba problemas de autocorrelación y efectos dinámicos, al igual que en la ecuación anterior. Por esta razón se introdujeron retardos en el PIB de Marruecos. También se introdujo la misma variable ficticia F1, en este caso multiplicando al PIB de Marruecos, para captar el cambio estructural que se podría estar produciendo tras el desarme arancelario de este país. Asimismo se introdujo un retardo en los residuos AR (1), para corregir la autocorrelacion. La variable FBKFCE representa la Formación Bruta de capital en Ceuta.

Dependent Variable: PIBCE				
Variable	**Coefficient**	**Std. Error**	**t-Statistic**	**Prob.**
C	**405161.5**	41135.52	9,849431	*0,0000*
IMPCE	**9,12E-05**	6,24E-05	1,460763	*0,1444*
FBKFCE	**1,318601**	0,042059	31,35106	*0,0000*
F1*PIBMA1(-1)	**7,914054**	0,988906	8,002837	*0,0000*
AR(1)	**0,749675**	0,034351	21,82396	*0,0000*

El resultado final que se obtiene es que en el Producto Interior Bruto de Ceuta influyen de forma positiva y significativa las importaciones a Ceuta, a razón de por cada euro de cambio en las importaciones, el PIBCE se incrementa en 0.09 euros. La inversion en bienes de capital (FBKFCE) también influye de forma positiva y estadísticamente significativa a razón de por cada euro de variación en la misma, incrementar el PIBCE en 1.318 euros. El PIB de Marruecos con un año de retardo, sigue teniendo una influencia positiva y significativa, aunque muy pequeña y ligada al efecto del cambio estructural representado por la variable ficticia.

Es decir, el nuevo modelo planteado confirmaría la hipótesis de que la economía ceutí con los datos actualizados a 2018 ya estaba dependiendo, prácticamente, de su propia actividad, y algo del desarrollo económico de Marruecos, aunque cada vez menos desde 2012. Las exportaciones a Marruecos, como se vió en la anterior ecuación, están disminuyendo y la disminución de aranceles está provocando el efecto negativo que se preveía desde el principio.

Hay un factor importante que ha surgido, independientemente de la evolución del comercio con Marruecos, a saber, el cierre de la frontera comercial con Ceuta en 2020. Primero, de forma unilateral por el perjuicio que, a juicio de las autoridades marroquíes, le producía el comercio "irregular" desde Ceuta; posteriormente, a consecuencia de la pandemia del COVID-19. Los modelos econométricos nos dan los coeficientes de la disminución del PIB de Ceuta que se producirá por cada euro de reducción de las exportaciones. En concreto, 0,09 euros por cada euro de disminución. No obstante, las medidas adoptadas por el gobierno de España para frenar los efectos de la pandemia han evitado un desplome mayor del PIB y del empleo. Cuando la presente crisis pase, será el momento de volver a plantera nuestro modelo con los nuevos datos que nos aporten desde la Agencia Tributaria de Ceuta sobre el total de importaciones desde la península.

En el apartado de tablas y anexos (Tabla 10) incluímos los coeficientes de efectos fijos de mayor a menor de los grupos de productos, que indicarían el efecto que están teniendo en la economía local de Ceuta. A continuación se muestran los 10 más importantes.

Tabla 6. Resumen de grupos de productos que más influyen en el PIB de Ceuta

Grupos Consumo	Coeficiente efectos fijos
0211 Espirituosos y licores	9711148
0121 Café, té, cacao	8577533
0721 Compra de piezas de repuesto y accesorios de vehículos personales para reparaciones realizadas por los miembros del hogar	8292710
0552 Pequeñas herramientas y accesorios diversos y sus reparaciones	8073517
0913 Material de tratamiento de la información	7418175
0115 Aceites y grasas	6983048
0431 Materiales para el mantenimiento y las reparaciones corrientes de la vivienda cuando la reparación la realiza el propio hogar	5955232
0911 Aparatos receptores, registradores y reproductores de sonido y de imagen	5348701
0531 Grandes electrodomésticos, eléctricos o no	5309545
1221 Joyería, bisutería y relojería	4374276

Fuente: Elaboración Propia con Eviews 10

DISCUSIÓN

En esta investigación salen a relucir dos tipos de controversias distintas. Por un lado, está la discusión general acerca del impacto que los acuerdos de libre comercio tienen en el crecimiento económico de los países. Aunque parecía que había consenso en que el comercio internacional y los acuerdos comerciales servían para incrementar la riqueza de los países, al conseguir que cada uno se especializara en aquello para lo que estaba más preparado. En el apartado dedicado a la revision bibliográfica se han detallado los trabajos más importantes al respecto. Pese a que el impacto de este acuerdo arancelario de Marruecos en las distintas economías de la UE no es objeto de este estudio, quizás sí podría ser un tema de futuras investigaciones.

El segundo tipo de controversia es menos general, pues está referida al impacto de este desarme arancelario en la economía ceutí. Aquí, a su vez, surgen dos tipos de problemas metodológicos. Por un lado, al no ser Ceuta un país, podrían tenerse dudas acerca de si los modelos de análisis de equilibrio general y equilibrio parcial serían aplicables al presente caso. Nosotros entendemos que sí, al ser la Ciudad Autónoma de Ceuta una economía dependiente de la economía española y europea, pero, en cierta forma aislada, y con un régimen fiscal y aduanero distinto. Al ser su régimen más parecido al de una región ultraperiférica, pero frontera con Marruecos, nos reafirma en nuestra opción.

También surgía otra controversia metodológica derivada del hecho de que, por motivos politicos ajenos al presente trabajo, la frontera existente entre Ceuta y Marruecos, no es un frontera comercial al uso, al estar el territorio ceutí permanentemente reivindicado por el vecino país como una parte de su territorio. Este problema hace que no existan registros del importante trasiego de comercio existente entre ambos territorios. De hecho, según los datos que se exponenten el trabajo, por encima del 50% de las mercancías que se importan a Ceuta se reexportan a Marruecos a través de "porteadores" y "porteadoras". Para estimar estas cantidades tuvimos que crear grupos homogéneos de consumo con los más de 500 productos que se importan anualmente, hasta equipararlos a productos homologables a la clasificación utilizada por el INE para realizar la encuesta de presupuestos familiares, que es de donde se obtienen las cifras de consume medio nacional de los españoles. De esta forma, por comparación con el consumo medio nacional, por diferencia, se obtuvieron las cifras de cantidades de productos importados que podrían estar derivándose a Marruecos en forma de exportaciones no registradas.

Una vez resueltos estos problemas metodológicos, y hechas las salvedades y observaciones oportunas, se procedió a plantear un modelo de análisis específico para Ceuta, para intentar comprobar si se cumplían las hipótesis de trabajo que en su día se plantearon (durante el primer trabajo), que no eran otras que el desarme arancelario de Marruecos estaba impactando de forma negativa en la economía ceutí. Como se ha visto en el apartado de resultados, dichas hipótesis fueron corroboradas, pero solo a partir de 2012, por lo que, aparentemente dicho desarme arancelario no estuvo influyendo en la actividad que se realizaba desde Ceuta en los primeros años del acuerdo, quizás porque la estructura de distribución comercial de Marruecos aún no había sido adaptada a la nueva situación. Sin embargo, a partir de 2012, se ve claramente un descenso. Esto ultimo es otro tema de debate importante, pues, de hecho, hasta hace muy poco tiempo, Marruecos no había llevado a cabo un desarrollo logístico importante de sus vías de comunicación, ni de sus telecomunicaciones. También este ultimo aspecto podría ser objeto de importantes trabajos de investigación.

CONCLUSIONES

1. Sobre la situación económica de Ceuta

a) El censo de población se ha mantenido prácticamente invariable en poco más de 80.000 personas, desde 2012 en adelante.

b) La Ley 53/2002, de 30 de diciembre, de Medidas Fiscales, Administrativas y del Orden Social, en su artículo 11 garantiza la recaudación del impuesto local IPSI, en los mismos niveles del ejercicio 2001. Esto podría haber impedido que el impacto del desarme arancelario de Marruecos hubiera sido aún más negativa para la economía ceutí.

c) En Ceuta se sigue teniendo una de las tasas de desempleo más altas del país. En cifras de parados inscritos en el Servicio Público de Empleo Estatal (SEPE), después de haber descendido hasta 11.610 personas en 2019, nuevamente se incremento a 12.893 persona en 2020, una vez declarada la pandemia del COVID-19.

d) El sector Servicios acapara el 89,4% de toda la actividad económica (42,3% para servicios de mercado y 47,1% para servicios de no mercado).

e) El PIB se mantuvo en crecimiento en los últimos años.

2. Sobre los análisis descriptivos de los datos de importaciones

a) A Ceuta se importan anualmente más de 500 productos desde la peninsula y Unión Europea. De estas cantidades, lo que se estima que se exporta a Marruecos ha estado descendiendo desde 2012, pasando de representar un 69,80 % del total de importaciones hasta el 57,60 % en 2018.

b) Si ahora se mide la importancia de dichas exportaciones a Marruecos en relación al Valor Añadido Bruto Total de Ceuta, pasaríamos desde el 51,65 % en 2012 al 37,22 % en 2018.

c) Comparando estas cantidades con la evolución de la variable PR, que representa los precios relativos de los aranceles medios marroquíes respecto al impuesto local ceutí, observamos que los mismos son claramente descendentes desde 2003, estabilizándose a partir de 2012, como era de esperar. Sin embargo, como se ha dicho, las exportaciones a Marruecos estuvieron creciendo, pese al desarme arancelario iniciado en 2002, hasta 2012, que comenzaron a descender.

c). Lo anterior nos indicaría que el desarme arancelario de Marruecos ha empezado a surgir algún efecto solo a partir de 2012, quizás porque las infraestructuras logísticas de distribución en Marruecos no estaban preparadas para asumir el incremento de importaciones que era previsible se daría a consecuencia de dicho desarme arancelario.

d) Pese a lo anterior, algunos grupos de productos como alfombras y revestimiento de suelos; azucar y confituras; café té y cacao; lubricantres; cristaleriría, vajillas y cubertería; frutas; pescado; productos y aparatos medicos y soporte para registros de imagen y sonido, han seguido con su incremento en las exportaciones

3. Sobre las estimaciones econométricas

a) La estimación de los factores que influyen en las exportaciones a Marruecos (expm), se hizo a través de un modelo en el que todas sus variables independientes eran significativas individual y conjuntamente y en el que se habían eliminado los problemas de autocorrelación, efectos dinámicos y cambio structural.

b) Los precios relativos de los aranceles de Marruecos respecto al impuesto local de Ceuta influyen de forma significativa en las exportaciones a Marruecos. Por cada punto de descenso de su valor, disminuirán 212.026,8 euros de exportaciones hacia Marruecos desde Ceuta.

c) También se observa que el PIB de Marruecos del año anterior ejerce una influencia positiva y significativa (en los paneles de datos se admiten como significativas probabilidades de hasta el 30%) en el incremento de estas exportaciones, aunque en una cantidad no muy elevada, pues su coeficiente es cercano a cero. Es decir, el crecimiento económico de Marruecos está ayudando al sostenimiento de parte de la economía ceutí.

d) El modelo ha captado un cambio estructural en el mismo a partir de 2012, que es cuando se acabó el proceso de desarme arancelario del acuerdo. El efecto permanente del mismo en las exportaciones ha alcanzado la cifra negativa de 4.149.110 €.

e) Otro efecto importante captado es que las exportaciones a Marruecos del año anterior ejercen una influencia significativa y positiva en las exportaciones del año siguiente de 0,97 euros por cada euro de variación de las mismas. Esto sería como una especie de efecto llamada.

f) En el Producto Interior Bruto de Ceuta influyen de forma positiva y significativa las importaciones a Ceuta, a razón de 0,09 euros por cada euro de cambio en las importaciones. Es decir, si las mismas se resienten a consecuencia de la disminución de las exportaciones a Marruecos, el PIB de Ceuta también lo hará.

g) La inversión en bienes de capital (FBKFCE) también influye de forma positiva y estadísticamente significativa en el PIBCE, a razón de 1.318 euros por cada euro de variación en la misma. Por tanto, un plan económico de reactivación de la economía ceutí basado en un incremento de las inversiones públicas y privadas, compensaría de forma importante el deterioro que su economía está sufriendo a consecuencia del desarme arancelario de Marruecos.

h) De la misma forma, el PIB de Marruecos del año anterior, sigue teniendo una influencia positiva y significativa, aunque muy pequeña y ligada al efecto del cambio estructural desde 2012, que se puede cifrar en 7.900 euros por cada dólar de variación del mismo. Es decir, también en esta ecuación se ve claramente que, pese al cambio estructural sufrido a consecuencia de la finalización del desarme arancelario de Marruecos, el crecimiento económico sostenido de Marruecos está ayudando, en parte, a la economía ceutí.

i) Hay un factor importante que ha surgido, independientemente de la evolución del comercio con Marruecos, a saber, el cierre de la frontera comercial con Ceuta en 2020. Primero, de forma unilateral por el perjuicio que, a juicio de las autoridades marroquíes, le producía el comercio "irregular" desde Ceuta. Posteriormente, a consecuencia de la pandemia del COVID-19. Cuando la presente crisis pase, será el momento de volver a plantera nuestro modelo con los nuevos datos que nos aporten desde la Agencia Tributaria de Ceuta sobre el total de importaciones desde la península. No obstante, lo que nos indica el modelo estimado es que la disminución del PIB de Ceuta que se producirá por cada euro de reducción de las exportaciones será de 0,09 euros por cada euro de disminución. Sin embargo, la batería de medidas puestas en marcha por el Gobierno de España para disminuir los efectos negativos de la pandemia podrían hacer variar los resultados.

FUTUROS TRABAJOS DE INVESTIGACIÓN

Tras el desarrollo del presente trabajo de investigación han surgido varias cuestiones que podrían ser materia de estudio en futuras investigaciones.

Por un lado se debería estudiar el impacto que el acuerdo de libre comercio firmado con Marruecos ha tenido, tanto en los países de la UE con mayores relaciones comerciales con dicho país, así como en Marruecos.

Otra cuestión sería estudiar el desarrollo logístico de distribución de mercancías de Marruecos, al objeto de dilucidar si el hecho de que en los primeros años del desarme arancelario las exportaciones desde Ceuta siguieran en aumento era debido a esta falta de desarrollo, o a la propia evolución natural de los acontecimientos y a la cantidad de personas que vive del transporte de mercancías desde Ceuta.

Por ultimo, una vez que la pandemia haya sido superada y la economía se haya normalizado, como también la situación del paso fronterizo entre Ceuta y Marruecos, sería conveniente actualizar las series de datos de importaciones y exportaciones a Ceuta, y de Ceuta a Marruecos, al objeto de comprobar si las predicciones de nuestros modelos se han cumplido en la realidad.

BIBLIOGRAFÍA

Arce Borda, R.de y Mahía Casado R. (2004): "Estimación analítica de los efectos de la creación de un área de libre comercio agrícola entre la U.E. y Marruecos". ICE Marruecos, nov. 2000, núm. 788. Disponible en http://www.revistasice.com/Estudios/Documen/ice/819/ICE8190402.PDF.

Bataller Martín, F. y Jordán Galduf, J.M.(2000): "El área euromediterránea: esperanzas, logros y frustaciones del proceso de Barcelona". Sector Exterior Español. Nov 2000, núm. 788. Disponible en http://dialnet.unirioja.es/servlet/articulo?codigo=12560&orden=7096&info=link.

Bonet Madurga, A. (2002): "Métodos casuísticos de evaluación de impacto para negociaciones comerciales internacionales". Banco Interamericano de Desarrollo. INTAL-ITD-STA.

Buisán A., y Gordo E. (1997): "El Sector Exterior en España". Banco de España. Estudios económicos nº 60.

Calvo Hornero, A (2000): "Integración económica y regionalismo", Editorial Ramón Areces. Madrid.

Cooper, C. A. y Massell, B.F. (1965): "A New Look at Customs Unions Theory". Economic Journal, vol. 75.

Gracia Andía, A. B y Sanz Villarroya, I. (2006): "Cambios estructurales en las series de comercio exterior español 1960-1997". EKONOMIAZ; Nº 62, 2º cuatr. 2006.

Hooper P. y Kohlhagen S. W. (1978): "The effects of Exchange rate uncertainly on the Price and volumen of international trade". Journal of International Economic, Vol 8, noviembre, pp. 483-511.

Martín S. J.A. y Ramírez H. A. (2010). "Impacto del desarme arancelario de Marruecos sobre Ceuta. Una propuesta metodológica de análisis", en Gómez C, C (Coord.) et al (2010). Estudios sobre el Régimen Económico y Fiscal de Ceuta: Presente y futuro. Centro de Estudios Jurídicos Granada.

Pérez López, C. (2006): "Problemas Resueltos de Econometría". Thomson. Madrid

Ramil Diaz, Ma. (2001): "Las importaciones de mercancías en la economía española". Estudios de Economía Aplicada, Vol.19,núm.3, pp 123-128.

Santos M. Ruesga (dir.), Jorge Carrera André Cunha, José Manuel García de la Cruz, Rogerio Nagamine y Julimar da Silva Bichara (2003): "Análisis del impacto de un acuerdo de libre comercio entre la UE-MERCOSUR sobre el mercado de trabajo de españa, Argentina y Brasil". En Revista Electrónica de Ciencias Sociales del Instituto Universitario de Investigación Ortega y Gasset. mht. Año I –Número 1- Abril 2003.

TABLAS Y ANEXOS

Impacto del comercio transfronterizo

Tabla 7. Evolución 30 productos de mayor importación serie 1998 a 2005

PRODUCTOS IMPORTADOS CEUTA	1998	.....	2005	Promedio	% sobre total
ACEITES DE PETRÓLEO O MINERALES BITUMINOSOS	21592825	.....	101898243	68217949,3	10,7
COCHES DE TURISMO Y DEMÁS VEHÍCULOS	32426373	.....	42607765	36965293,5	5,84
CIGARRILLOS TIPO PROPORCIONAL 54%	32399234	.....	30510750	36684029,9	5,80
CIGARROS O PUROS DE TABACO	16874411	.....	22965306	25832425,5	4,08
TEJIDOS CON UN COTENIDO DE FIBRAS	23417819	.....	1250375	17539048,4	2,77
QUESOS Y REQUESÓN.	13343172	.....	15201756	15013408,7	2,37
MEDICAMENTOS ACONDICIONADOS PARA LA VENTA AL POR MENOR	9925704	.....	16612757	11943507,4	1,89
GAS DE PETRÓLEO Y OTROS HIDROCARBUROS GASEOSOS	519205	.....	1517339	11430915	1,81
CALZADOS CON PISO DE CAUCHO, CUERO NATURAL	9546667	.....	7877938	10431495,7	1,65
TARJETAS DE TELEFONÍA MÓVIL	626364	.....	0	10330323,5	1,63
PRODUCTOS DE PANADERÍA, PASTELERIA O GALLETERÍA	7790896	.....	11570025	9450485,51	1,49
EMISORES DE RADIOTELE-FONÍA, RADITELEGRAFÍA	817936	.....	17218614	9437070,04	1,49
LECHE EN POLVO DE CONTENIDO EN GRASA DEL 11% * 27%DE SU PESO	347541	.....	19291113	9436790,41	1,49
GASOLEÓS DE AUTOMO-CIÓN A (48,08 X 1000 LTS)	14751018	.....	1240551	8636779,79	1,37

57

CAMISETAS, COMBINACIO-NES, ENAGUAS, BRAGAS, CAMISONES, SALTO DE C.	9009178	.....	12999892	7651453,85	1,21
LOS DEMÁS MUEBLES Y SUS PARTES	5763310	.....	7741583	7626817,95	1,21
AGENTES DE SUPERFICIE ORGANICOS	4823348	.....	9222113	7048892,82	1,11
AGUARDIENTE, LICORES Y DEMÁS BEBIDAS ESPIRITUOSAS	6725156	.....	4895921	6998016,3	1,11
PAPEL, PAÑALES, COMPRESAS, TAMPONES HIGIÉNICOS Y ARTÍCULOS SIMILARES	3838608	.....	8716994	6463698,06	1,02
CALZADOS CON PISO DE CAUCHO Y PARTE SUPE-RIOR MATERIAS TEXTIL	9997079	.....	2655491	6254241,35	0,99
APARATOS ELÉCTRICOS DE TELEFONÍA O TELEGRAFIA	2545123	.....	3615939	5732942,35	0,91
ACCESORIOS Y PARTES DE AUTÓMOVILES	5054058	.....	5403507	5523786,67	0,87
BEBIDAS REFRESCANTES	3980306	.....	6074090	5416860,69	0,86
LOS DEMÁS CALZADOS CON PISO Y PARTE SU-PERIOR DE CAUCHO	4224075	.....	4933245	5061864,34	0,80
CHOCOLATE Y DEMÁS PRE-PARACIONES ALIMENTICIAS	4547017	.....	3979950	5043524,45	0,80
ARTÍCULOS DE PRENDERIA.	3928106	.....	9351487	4911466,38	0,78
MANTAS	5817953	.....	4859583	4597283,07	0,73
PREPARACIONES PARA AFEITAR, ANTES O DES-PUÉS AFEITADO	2781349	.....	4426567	4461706,19	0,71
CONCENTRADOS DE PROTEÍNAS Y SUSTANCIAS PROTEICAS TEXTURADAS	1120042	.....	8995335	4414338,49	0,70

Fuente: Elaboración Propia con datos facilitados por la Agencia Tributaria de Ceuta

Tabla 8 Evolución 30 productos de mayor
importación serie 2006 a 2018

PRODUCTOS IMPORTADOS CEUTA	2006	.....	2018	Promedio	% sobre total
ACEITES DE PETRÓLEO O MINERALES BITUMINOSOS	179368236	.....	440682178	341047398	35,71
CIGARRILLOS TIPO PROPORCIONAL 54%	26549921	.....	27207959	27157341	2,84
COCHES DE TURISMO Y DEMÁS VEHÍCULOS	38968022	.....	24545597	26465452	2,77
QUESOS Y REQUESÓN	19546532	.....	25572052	26204155	2,74
CONCENTRADOS DE PRO-TEÍNAS Y SUSTANCIAS PROTEICAS TEXTURADAS	12684910	.....	10741031	24277037	2,54
MEDICAMENTOS ACON-DICIONADOS PARA LA VENTA AL POR MENOR	17831559	.....	27651139	21322610	2,23
PRODUCTOS DE PANADERÍA, PASTELERIA O GALLETERIA	12181956	.....	25419098	21065643	2,21
LOS DEMÁS FRUTOS DE CÁSCARA FRESCOS O SECOS,INCL.SIN CASCARA	4733531	.....	37084645	17823801	1,87
APARATOS ELÉCTRICOS DE TELEFONÍA O TELEGRAFÍA	1388696	.....	17526714	16348853	1,71
BEBIDAS REFRESCANTES	7156347	.....	9167764	15216757	1,59
CHOCOLATE Y DEMÁS PREPARACIONES ALIMENTICIAS	5455145	.....	20778868	12712078	1,33
AGENTES DE SUPERFICIE ORGÁNICOS	10292814	.....	9309977	11921702	1,25
MANTAS	6692879	.....	3643237	11868531	1,24
PREPARACIONES Y CON-SERVAS DE PESCADO, CAVIAR Y SUCEDÁNEOS	4917696	.....	16404973	11813571	1,24

ARTÍCULOS DE PRENDERIA	9244052	.....	10886991	8760004	0,92
PREPARACIONES PARA AFEITAR, ANTES O DESPUÉS AFEITADO	5446365	.....	4295390	8261518	0,87
CALZADOS CON PISO DE CAUCHO, CUERO NATURAL	7687033	.....	4783228	7050268	0,74
LOS DEMÁS MUEBLES Y SUS PARTES	9138774	.....	6393516	6962539	0,73
CIGARROS O PUROS DE TABACO	22183294	.....	2866168	6584527	0,69
LEGUMBRES SECAS DESVAINADAS INCLUSO MONDADAS O PARTIDAS	4998498	.....	992525	6257266	0,66
FRUTOS Y DEMÁS PAR-TES COMESTIBLES DE PLANTAS, CONSERVADOS	4465576	.....	6011687	6073380	0,64
PRENDAS DE VESTIR PARA DEPORTE	3068066	.....	3723214	5848585	0,61
LOS DEMÁS CALZADOS CON PISO Y PARTE SUPERIOR DE CAUCHO	4681177	.....	4541561	5497748	0,58
PAPEL, PAÑALES, COMPRESAS, TAMPONES HIGIENICOS Y ART. SIMILARES	9549589	.....	2624977	5152863	0,54
AGUARDIENTE, LICO-RES Y DEMÁS BEBI-DAS ESPIRITUOSAS	4906561	.....	3247307	5152691	0,54
RELOJES DE BOLSI-LLO O SIMILARES	2600051	.....	6736950	5003004	0,52
LAS DEMÁS PREPARA-CIONES Y CONSERVAS DE CARNE O SANGRE	4396411	.....	2153534	4976855	0,52
PIMIENTA DEL GÉNERO PIPER	477770	.....	344425	4958119	0,52

| CALZADOS CON PISO DE CAUCHO Y PARTE SUPE-RIOR MATERIAS TEXTIL | 3708422 | ..... | 5511951 | 4522818 | 0,47 |

Fuente: Elaboración Propia con datos facilitados por la Agencia Tributaria de Ceuta

Tabla 9 Grupos homogéneos de consumo

CLASIFICACIÓN COICOP / INE (EPF)
0111 Pan y cereales
0112 Carne
0113 Pescado
0114 Leche, queso y huevos
0115 Aceites y grasas
0116 Frutas
0117 Hortalizas incluyendo patatas y otros tubérculos
0118 Azúcar, confituras, miel, chocolate, confitería y helados
0119 Productos alimenticios no comprendidos anteriormente
0121 Café, té, cacao
0122 Aguas minerales, bebidas refrescantes y zumos
0211 Espirituosos y licores
0212 Vinos
0213 Cerveza
0221 Tabaco
0311 Telas
0312 Prendas de vestir
0313 Otros artículos y accesorios de vestir
0321 Zapato y otro tipo de calzado
0431 Materiales para el mantenimiento y las reparaciones corrientes de la vivienda cuando la reparación la realiza el propio hogar
0454 Combustibles sólidos

0511 Muebles y artículos de amueblamiento

0512 Alfombras y otros revestimientos de suelos

0521 Artículos textiles para el hogar y sus reparaciones

0531 Grandes electrodomésticos, eléctricos o no

0532 Pequeños aparatos electrodomésticos

0541 Cristalería, vajilla, cubertería, otros utensilios del hogar y sus reparaciones

0551 Grandes herramientas eléctricas y sus reparaciones

0552 Pequeñas herramientas y accesorios diversos y sus reparaciones

0561 Artículos no duraderos para el hogar

0611 Productos, aparatos y equipos médicos

0711 Automóviles

0712 Motos y ciclomotores

0713 Bicicletas

0721 Compra de piezas de repuesto y accesorios de vehículos personales para reparaciones realizadas por los miembros del hogar

0722 Carburantes y lubricantes

0811 Servicios postales

0821 Equipos de teléfono y fax

0831 Servicios de teléfono, telégrafo y fax.

0911 Aparatos receptores, registradores y reproductores de sonido y de imagen

0912 Equipo fotográfico y cinematográfico; instrumentos ópticos

0913 Material de tratamiento de la información

0914 Soporte para el registro de imagen, sonido y datos

0921 Otros bienes duraderos importantes para el ocio y la cultura al aire libre

0922 Instrumentos musicales y otros bienes duraderos para el ocio y la cultura en lugares cubiertos

0931 Juegos, juguetes y hobbies; equipo para deporte y entretenimiento al aire libre

0932 Equipo para el deporte, camping y entretenimiento al aire libre

0933 Jardinería y flores

0934 Animales domésticos

| 0951 Libros |
| 0952 Prensa |
| 0953 Impresos diversos |
| 0954 Materiales de papelería y pintura |
| 1211 Peluquería y estética personal |
| 1212 Aparatos, artículos y productos para los cuidados personales |
| 1221 Joyería, bisutería y relojería |
| 1222 Otros efectos personales |

Tabla 10. Grupos homogéneos y comparación aranceles importación Marruecos 2000-2012 de los productos importados a Ceuta

CLASIFICACIÓN COICOP	C	A	DESCRIPCIÓN	2000	2012
0111 Pan y cereales	10	1	TRIGO Y MORCAJO O TRANQUILLÓN	30	30
	10	3	CEBADA	2,5	2,5
	10	4	AVENA	2,5	2,5
	10	5	MAÍZ	2,5	2,5
	10	6	ARROZ	2,5	2,5
	10	8	ALFORFON, MIJO Y ALPISTE Y LOS DEMAS CEREALES	17.5	17.5
	11	1	HARINA DE TRIGO Y DE MORCAJO.	73	73
	11	2	HARINA DE CEREALES EXCEPTO DE TRIGO, MORCAJO O TRANQUILLÓN	49	49
	11	3	GRAÑONES, SÉMOLA DE CEREALES	73	73
	11	4	GRANOS DE CEREALES	49	49
	11	5	HARINA, SÉMOLA DE LEGUMBRES SECAS	49	49

63

	11	8	ALMIDÓN Y FÉCULAS	32,5	32,5
	11	13	PAJA Y CASCABILLO DE CEREALES	2,5	2,5
	12	1	EXTRACTO DE MALTA, PREPARACIONES ALIMENTICIAS DE HARINA	20	20
	19	2	PASTA ALIMENTICIA	55,4	35
	19	4	PRODUCTOS A BASE DE CEREALES	0	0
0111 Pan y cereales	19	5	PRODUCTOS DE PANADERÍA, PASTELERIA O GALLETERÍA	54	30
0112 Carne					
	2	0	CARNES Y DESPOJOS EXCEPTO LOS EXENTOS	49	49
	2	1	CARNE DE ANIMALES DE LA ESPECIE BOVINA, REFRIGERADA	254	254
	2	2	CARNE DE ANIMALES DE LA ESPECIE BOVINA, CONGELADA	45	45
	2	3	CARNE DE ANIMALES, DE ESPECIE PORCINA, REFRIGERADA O CONGELADA	49	49
	2	4	CARNE DE LAS ESPECIES OVINA O CAPRINA, REFRIGERADA O CONGELADA	304	304
	2	5	CARNE DE LAS ESPECIES CABALLAR, ASNAL O MULAR, REFRIGERADA O CONGELADA	254	254
	2	6	DESPOJOS COMESTIBLES DE CARNE ANIMAL, REFRIGERARA O CONGELADA	254	254
	2	7	CARNE Y DESPOJOS COMESTIBLES DE AVES, REFRIGERADA O CONGELADA	116	116

	2	8	LAS DEMÁS CARNES Y DESPOJOS COMESTIBLES, REFRIGERADA O CONGELADA	49	49
	2	9	TOCINO SIN FUNDIR DE CERDO O AVE, REFRIGERADO, CONGELADO, SALADO, SECO	49	49
	2	10	CARNE Y DESPOJOS COMESTIBLES, SALADOS, SECOS, HARINA Y POLVO COMESTIBLE	49	49
	5	4	TRIPAS, VEJIGAS Y ESTÓMAGOS DE ANIMALES, EXCEPTO DE PESCADO	49	49
	16	1	EMBUTIDOS Y PRODUCTOS SIMILARES DE CARNE	49	49
0112 Carne	16	2	LAS DEMÁS PREPARACIONES Y CONSERVAS DE CARNE O SANGRE	49	49
0113 Pescado	3	1	PECES VIVOS	50	50
	3	2	PESCADO REFRIGERADOS, CON EXCL. DE LOS FILETES Y DEMÁS CARNES DE PESCADO	50	50
	3	3	PESCADO CONGELADO CON EXCL. DE LOS FILETES Y DEMÁS CARNE DE PESCADO	50	50
	3	4	FILETES Y DEMÁS CARNE DE PESCADO (INCLUIDA PICADA) REFRIGERADA O CONGELADA	50	50
	3	5	PESCADO SECO, SALADO, SALMUERA, HARINA DE PESCADO APTA ALI. HUMANA	50	50
	3	6	CRUSTÁCEOS, INCLUSO PELADOS, VIVOS, REFRIGERADO CONGELADO, SECOS, SALADOS	50	50

	3	7	MOLUSCOS INCLUIDO SEPARADOS DE LAS BALBAS, REFRIGERADO, CONGELADO, SECO, ETC	50	50
	3	8	PESCADO Y MARISCOS FRESCOS	50	50
	16	4	PREPARACIONES Y CONSERVAS DE PESCADO, CAVIAR Y SUCEDANEOS	50	50
0113 Pescado	16	5	CRUSTACEOS, MOLUSCOS Y DEMÁS INVERTEBRADOS ACUATICOS	50	50
0114 Leche, queso y huevos	4	1	LECHE Y NATA SIN CONCENTRAR, AZUCARAR NI EDULCORAR	102	102
	4	2	LECHE Y NATA, CONCENTRADA,AZUCARADA O EDULCORADA	102	102
	4	3	SUERO DE MANTEQUILLA, LECHE Y NATA CUAJADA, YOGUR Y KEFIR	120,8	50
	4	4	LACTOSUERO INCLUSO CONCENTRADO, AZUCARADO O EDULCORADO	17,5	17,5
	4	6	QUESOS Y REQUESÓN	25	25
	4	7	HUEVOS DE AVE CON CASCARÓN, FRESCOS, CONSERVADOS O COCIDOS	49	49
	4	8	HUEVOS DE AVE SIN CASCARÓN Y YEMA, FRESCOS, SECOS	49	49
	4	9	MIEL NATURAL	49	49
	4	10	PRODUCTOS COMESTIBLES DE ORIGEN ANIMAL NO EXPR. EN OTROS CONCEPTOS	25	25
	4	11	LECHE EN POLVO DE CONTENIDO EN GRASA DEL 11% * 27% DE SU PESO	49	49

0115 Aceites y grasas					
	4	5	MANTEQUILLA Y DEMÁS MATERIAS GRASAS DE LA LECHE	32,5	32,5
	14	1	MATERIAS VEGETALES ÚTILES EN CESTERÍA Y ESPARTERÍA	17,5	0
	14	2	MATERIAS VEGETALES PARA RELLENO	32,5	0
	15	9	ACEITE DE OLIVA Y SUS FRACCIONES	49	49
	15	10	LOS DEMÁS ACEITES OBTENIDOS EXCLUSIVAMENTE DE LA ACEITUNA	49	49
	15	12	ACEITE DE GIRASOL	2,5	2,5
	15	13	ACEITE DE COCO	2,5	2,5
	15	15	LOS DEMÁS ACEITES VEGETALES FIJOS	25	0
	15	16	ACEITES ANIMALES	0	0
	15	17	MARGARINA ALIMENTICIAS	30	0

0116 Frutas					
	8	1	COCOS, NUECES DEL BRASIL FRESCOS O SECOS, INCLUSO SIN CÁSCARA	49	49
	8	2	LOS DEMÁS FRUTOS DE CASCARA FRESCOS O SECOS, INCL. SIN CASCARA	49	49
	8	3	BANANAS O PLÁTANOS FRESCOS	49	49
	8	4	DÁTILES, HIGOS, PIÑAS, GUAYABAS, MANGOS Y MANGOSTANES	49	49
	8	5	AGRIOS FRESCOS O SECOS.	49	49
	8	6	UVAS Y PASAS	32,5	32,5
	8	7	MELONES, SAN-DÍAS Y PAPAYAS	49	49
	8	8	MANZANAS, PERAS Y MEMBRILLOS	49	49
	8	9	ALBARICOQUES, CEREZAS, MELOCOTONES Y CIRUELAS	49	49

	8	10	FRESAS, FRAMBUESAS, ZANAHORIAS Y MORAS	49	49
	8	11	FRUTOS SIN COCER O COCI-NADOS CON AGUA O VAPOR	49	49
	8	12	FRUTOS CONSERVADOS PROVISIONALMENTE	49	49
	8	13	FRUTOS SECOS	32,5	32,5
	12	2	CACAHUETES CRUDOS	17,5	17,5
	12	6	SEMILLA DE GIRASOL	2,5	2,5
	12	7	LAS DEMAS SEMILLAS Y FRUTOS OLEAGINOSOS	10	10
0116 Frutas	20	8	FRUTOS Y DEMAS PARTES COMESTIBLES DE PLANTAS, CONSERVADOS	58	10
0117 Hortalizas incluyendo patatas y otros tubérculos	7	1	PATATAS FRESCAS	40	40
	7	2	TOMATES FRESCOS O REFRIGERADOS	49	49
	7	3	CEBOLLAS,CHALOPES, AJOS, PUERROS Y DEMÁS HORTALIZAS ALIÁCEAS	49	49
	7	4	COLES, COLIFLORES, COLES RIZADAS Y COLINABOS	49	49
	7	5	LECHUGAS Y ACHICORIAS COMPRENDIDAS LA ESCAROLA Y ENDIVIA	49	49
	7	6	ZANAHORIAS, NABOS,REMOLACHAS, SALSIFIES, APIONA-BOS Y RÁBANOS	49	49
	7	7	PEPINOS Y PEPINILLOS, FRESCOS O REFRIGERADOS	49	49
	7	8	LEGUMBRES, INCLUSO DESVAINADAS FRES-CAS O REFRIGERADAS	49	49
	7	9	LAS DEMÁS HORTALIZAS FRESCAS O REFRIGERADAS	49	49
	7	10	LEGUMBRES Y HORTALIZAS COCINADAS O CONGELADAS	17,5	17,5

	7	11	LEGUMBRES Y HORTALIZAS CONSER. PROVIS IMPROPIAS ALIMENTACIÓN.	17,5	17,5
	7	12	LEGUMBRES Y HORTALIZAS SECAS SIN OTRA PREPARACIÓN	49	49
	7	13	LEGUMBRES SECAS DESVAINADAS INCLUSO MONDADAS O PARTIDAS	17,5	17,5
	7	14	RAÍCES DE MANDIOCA.	49	49
	11	6	HARINA Y SÉMOLA DE LEGUMBRES SECAS	49	49
	12	1	HABAS DE SOJA, INCLUSO QUEBRANTADAS.	2,5	2,5
	12	11	RAÍCES DE REGALÍ Y DE GINSENG.	25	25
	12	12	ALGARROBAS, ALGAS, REMOLACHA AZUCARERA Y CAÑA DE AZÚCAR	0	0
	12	14	RAÍCES FORRAJERAS	2,5	2,5
	20	1	LEGUMBRES Y HORTALIZAS CONSERVADAS	0	0
	20	2	TOMATES PREPARADOS O CONSERVADOS	49	49
	20	3	SETAS Y TRUFAS, PREPA-RADAS O CONSERVADAS	49	49
	20	4	LAS DEMÁS LEGUMBRES U HORTALIZAS, PREP. O CONSER. CONGELADAS	0	0
0117 Hortalizas incluyendo patatas y otros tubérculos	20	5	LAS DEMÁS LEGUMBRES U HORTALIZAS, PREP. O CONSER. SIN CONGELAR	0	0
0118 Azúcar, confitu-ras, miel, chocolate, confitería y helados	17	1	AZÚCAR DE CAÑA O DE REMOLACHA	35	35
	17	3	MELAZAS	17,5	17,5
	17	4	ARTÍCULOS DE CONFITERÍA SIN CACAO	54	30
	17	5	AZÚCAR EN BRUTO SIN AROMATIZAR NI COLOREAR	35	35

	18	6	CHOCOLATE Y DEMÁS PRE-PARACIONES ALIMENTICIAS	52	40
	20	6	FRUTOS, CORTEZAS DE FRUTAS CONFITADOS	49	49
	20	7	COMPOTAS, JALEAS Y MERMELADAS	49	49
	21	5	HELADOS Y PRODUCTOS SIMILARES	57	15
0118 Azúcar, confituras, miel, chocolate, confitería y helados	35	3	GELATINAS	16	16
0119 Productos alimenticios no comprendidos anteriormente	9	4	PIMIENTA DEL GÉNERO PIPER	25	25
	9	8	NUEZ MOSCADA, MACIS, AMOMOS Y CARDAMONOS	25	25
	9	9	SEMILLA DE ANIS, BADIANA, HINOJO, CILANTRO Y COMINO	25	25
	9	10	JENGIBRE, AZAFRÁN, CURCAMA, TOMILLO, HOJAS DE LAUREL	25	25
	9	12	COLORANTES ALIMENTARIOS	25	25
	21	2	LEVADURAS VIVAS O MUERTAS	48	0
	21	3	PREPARACIONES PARA SAL-SAS Y SALSAS PREPARADAS.	0	0
	21	4	PREPARACIONES PARA SOPAS, POTAJES O CALDOS	60	0
	21	6	CONCENTRADOS DE PROTEÍNAS Y SUSTANCIAS PROTEICAS TEXTURADAS	30	0
	22	9	VINAGRE COMESTIBLE Y SUCEDÁNEO DEL VINAGRE	60	0
	25	1	SAL Y AZUFRE	16	16
0121 Café, té, cacao	9	1	CAFÉ TOSTADO O DESCAFEINADO, SUCEDANEOS DEL CAFE	10	10
	9	2	TÉ	40	40

	9	3	HIERBA MATE	50	0
	18	2	CÁSCARA, PELÍCULAS Y DE-MÁS RESIDUOS DE CACAO.	49	49
	18	3	PASTA DE CACAO	60	0
	18	4	MANTECA, GRASA Y ACEITE DE CACAO	48	0
	18	5	CACAO EN POLVO SIN AZÚCARAR	38,7	0,3
0121 Café, té, cacao	21	1	EXTRACTOS, ESENCIAS Y CONCENTRADOS DE CAFÉ	60	0
0122 Aguas minerales, bebidas refrescantes y zumos	13	2	JUGOS Y EXTRACTOS VEGETALES	0	0
	20	9	JUGOS DE FRUTAS INCLUÍDO EL MOSTO DE UVA	49	49
	22	1	AGUA, INCLUÍDA EL AGUA MI-NERAL NATURAL SIN AZÚCAR	60	0
	22	2	BEBIDAS REFRESCANTES	60	0
0211 Espirituosos y licores	22	5	VERMUT	60	0
	22	7	ALCOHOL ETÍLICO	60	0
	22	8	AGUARDIENTE, LICORES Y DEMÁS BEBIDAS ESPIRITUOSAS	0	0
0212 Vinos	22	4	VINO DE UVA	49	49
	22	6	LAS DEMÁS BEBIDAS FERMENTADAS (SIDRA, PERADA O AGUAMIEL)	49	49
0213 Cerveza	22	3	CERVEZA DE MALTA	58	10
0221 Tabaco	24	2	CIGARROS O PUROS DE TABACO	actuali-zados	0
	24	3	LOS DEMÁS TABACOS Y SUCEDÁNEOS DEL TABACO	30	0
	48	13	PAPEL DE FUMAR	40	0

0311 Telas	50	7	TEJIDOS DE SEDA	40	0
	51	11	TEJIDOS DE LANA CARDADA	40	0
	51	12	TEJIDOS DE LANA PEINADA	40	0
	52	1	ALGODÓN SIN CAR-DAR NI PEINAR	2,5	0
	52	8	TEJIDOS DE ALGODÓN, CONTENIDO INFERIOR A, 200 G/M2	40	0
	52	9	TEJIDOS DE ALGODÓN, CONTENIDO SUPERIOR A, 200 G/M2	40	0
	52	10	TEJIDOS DE ALGODÓN MEZCLADO, CONTENIDO INFERIOR A, 200 G/M2	40	0
	52	11	TEJIDOS DE ALGODÓN MEZCLADO, CONTENIDO SUPERIOR A, 200 G/M2	40	0
	52	12	LOS DEMÁS TEJIDOS DE ALGODÓN	40	0
	53	4	SISAL Y DEMAS FIBRAS TEX-TILES DEL GENERO AGAVE	2,5	0
	53	9	TEJIDOS DE LINO	40	0
	53	10	TEJIDOS DE YUTE	40	0
	54	7	TEJIDOS DE HILADOS DE FILAMENTOS SINTÉTICOS	40	0
	54	8	TEJIDOS DE HILADOS DE FILAMENTOS ARTIFICIALES	40	0
	55	12	TEJIDOS CON UN CON-TENIDO DE FIBRAS	40	0
	55	13	TEJIDOS FIBRAS SINTÉTICAS DISCONTINUA,INFERIOR A, 170 G/M2	40	0
	55	14	TEJIDOS FIBRAS SINTÉTICAS DISCONTINUA, SUPERIOR A, 170 G/M2	40	0
	55	15	LOS DEMÁS TEJIDOS DE FIBRAS SINTÉTICAS DISCONTINUA	40	0
	55	16	TEJIDOS DE FIBRAS ARTI-FICIALES DISCONTINUA	40	0

	56	3	TELAS SIN TEJER	25	0
	58	1	TERCIOPELO Y FELPA TEJIDOS	40	0
	58	3	TEJIDOS DE GASA DE VUELTA	40	0
	58	4	TUL, TUL-BOBINOT Y TEJIDOS DE MALLAS ANUDADAS, ENCAJES	40	0
	58	6	CINTAS	40	0
	58	7	ETIQUETAS, ESCUDOS Y ARTÍCULOS SIMILARES	40	0
	60	1	TERCIOPELO, FELPA	40	0
0311 Telas	60	2	LOS DEMÁS TEJIDOS DE PUNTO	40	0
0312 Prendas de vestir	42	3	PRENDAS Y COMPLEMEN-TOS DE VESTIR DE CUE-RO NATURAL O ARTIFIC	50	0
	61	1	ABRIGO, CHAQUETÓN,CAPA,ANORAK, CAZADORA, ARTÍCULOS SIMILARES HOMBRE-NIÑO	50	0
	61	2	ABRIGO, CHAQUETON, CAPA, ANORAK, CAZADORA, ARTÍCULOS SIMILARES MUJER-NIÑA	50	0
	61	3	TRAJES O TERNOS, CONJUNTOS CHAQUETAS, PANTALONES DE PUNTO	50	0
	61	4	TRAJES SASTRE CONJUNTOS CHAQUETAS, VESTIDOS	50	0
	61	5	CAMISAS DE PUNTO PARA HOMBRES O NIÑOS	50	0
	61	6	CAMISAS, BLUSAS CAMISERAS, POLOS, DE PUNTO	50	0
	61	7	CALZONCILLOS, CAMISO-NES, PIJAMAS, ALBORNO-CES, ARTÍCULOS SIMILARES	50	0

61	8	COMBINACIONES, ENAGUAS, BRAGAS CAMISONES Y SALTOS DE CAMA	50	0
61	9	TE-SHIRTS Y CAMISETAS DE PUNTO	50	0
61	10	SUÉTERES, JERSEYS CON CUELLO DE CISNE	50	0
61	11	PRENDAS Y COMPLEMENTOS DE VESTIR DE PUNTO PARA BEBÉS	50	0
61	12	PRENDAS DE DEPORTES.	50	0
61	13	PRENDAS CONFECCIONA-DAS CON TEJIDOS DE PUNTO	50	0
61	14	LAS DEMÁS PRENDAS DE VESTIR DE PUNTO	50	0
61	15	CALZAS, MEDIAS, CALCETINES, ARTÍCULOS SIMILARES INCLUSO PARA VARICES	50	0
61	16	GUANTES Y SIMILARES DE PUNTO	50	0
61	17	LOS DEMÁS COMPLEMENTOS DE VESTIR CONFECCIONADOS DE PUNTO	50	0
62	1	ABRIGO, CHAQUETÓN, CAPA, ANORAK, CAZADORA, ARTÍCULOS SIMILARES HOMBRE-NIÑO	50	0
62	2	ABRIGO, CHAQUETÓN, CAPA, ANORAK, CAZADORA, ARTÍCULOS SIMILARES MUJER-NIÑA	50	0
62	3	TRAJES O TERNOS, CONJUN-TOS, CHAQUETAS, PANTA-LONES. HOMBRES-NIÑOS	50	0
62	4	TRAJES SASTRE, CONJUNT., CHAQUETAS, VESTIDOS, FALDAS, F. PANTALÓN	50	0
62	5	CAMISAS PARA HOMBRES O NIÑOS	50	0

	62	6	CAMISAS, BLUSAS CAMISERAS PARA MUJERES O NIÑAS	50	0
	62	7	CAMISETAS, CALZONCI-LLOS, CAMISONES, PIJAMAS PARA HOMBRE O NIÑO	50	0
	62	8	CAMISETAS, COMBINACIO-NES, ENAGUAS, BRAGAS, CAMISONES, SALTO DE C.	50	0
	62	9	PRENDAS Y COMPLEMEN-TOS DE VESTIR PARA BEBÉS	50	0
	62	10	PRENDAS CONFECCIONADAS	50	0
	62	11	PRENDAS DE VESTIR PARA DEPORTE	50	0
0312 Prendas de vestir	62	12	SOSTENES, FAJAS, CORSÉS, TIRANTES, LIGAS ARTÍCULOS SIMILARES	50	0
0313 Otros artículos y accesorios de vestir	40	15	PRENDAS, GUANTES Y DEMÁS COMPLEMENTOS DE VESTIR	50	0
	51	7	HILADOS DE LANA PEINADA	32,5	0
	51	9	HILADOS DE LANA O DE PELO FINO	32,5	0
	52	4	HILOS DE COSER DE ALGODON	32,5	0
	52	7	HILADOS DE ALGODÓN, EXCEP. HILO DE COSER,VENTA AL POR MENOR	40	0
	54	1	HILOS DE COSER	40	0
	54	2	HILADOS DE FILAMENTOS SINTETICOS	2,5	0
	54	3	HILADOS DE FILAMENTOS ARTIFICIALES	2,5	0
	54	6	HILADOS DE FILAMENTOS SINTÉTICOS O ARTIFICIALES	40	0
	55	11	HILADOS DE FIBRAS SINTÉTICAS	40	0
	56	9	ARTÍCULOS DE HILADOS	50	0

62	13	PAÑUELOS DE BOLSILLO	50	0
62	14	CHALES, PAÑUELO-CUELLO, PASAMONTAÑAS, BUFANDAS Y MANTILLAS	50	0
62	15	CORBATAS Y LAZOS SIMILARES	50	0
62	16	GUANTES Y SIMILARES	50	0
62	17	LOS DEMÁS COMPLEMENTOS DE VESTIR	50	0
63	4	OTROS ARTÍCULOS DE MOBLAJE	50	0
63	5	SACOS Y TALEGAS PARA ENVASAR	50	0
63	7	LOS DEMÁS ARTÍCULOS CONFECCIONADOS, INCLUIDO LOS PATRONES	50	0
63	8	SURTIDOS CONSTITUIDOS POR PIEZAS DE TEJIDOS E HILADOS	50	0
63	9	ARTÍCULOS DE PRENDERÍA	50	0
63	10	TRAPOS, CORDELES, CUERDAS Y CORDAJES	25	0
65	1	CASCOS SIN FORMAS NI ACABADOS	50	0
65	2	CASCOS PARA SOMBREROS	50	0
65	3	SOMBREROS Y DEMÁS TOCADOS	50	0
65	4	SOMBREROS Y TOCADOS POR UNIÓN DE BANDAS DE CUALQUIER MATERIAL	50	0
65	5	SOMBREROS Y DEMÁS TOCADOS DE PUNTO DE ENCAJE DE FIELTRO	50	0
65	6	LOS DEMÁS SOMBREROS Y TOCADOS	10	0
65	7	DESUDADORES, FORROS, FUNDAS, ARMADURAS, VISERAS	50	0
66	0	PARAGUAS, QUITASOLES, BASTONES, LÁTIGOS Y FUSTAS	50	0

	66	1	PARAGUAS, SOMBRILLAS Y QUITASOLES	50	0
	66	2	BASTONES, BASTONES ASIENTO, LATIGOS, FUSTAS, ARTICULOS SIMILARES	50	0
	66	3	PARTES DE ACCESORIOS PARA CONCEPTO ANTERIOR	50	0
	67	1	PIELES Y OTRAS PARTES DE AVES CON LAS PLUMAS O EL PLUMÓN	50	0
	67	2	FLORES, FOLLAJES Y FRUTOS ARTIFICIALES Y SUS PARTES	10	0
	67	4	PELUCAS, BARBAS, CEJAS, PESTAÑAS, MECHONES, ARTICULOS ANÁLOGOS	10	0
	83	8	CIERRES, MONTURAS CIERRE, HEBILLAS CIERRE, CORCHETES CIERRE	32,5	0
	96	6	BOTONES Y BOTONES DE PRESIÓN Y OTRAS PARTES DE BOTONES	50	0
0313 Otros artículos y accesorios de vestir	96	7	CREMALLERAS Y SUS PARTES	50	0
0321 Zapato y otro tipo de calzado	64	1	CALZADOS IMPERMEABLES CON PISO Y PARTE SUPERIOR CON CAUCHO	50	0
	64	2	LOS DEMÁS CALZADOS CON PISO Y PARTE SUPERIOR DE CAUCHO	50	0
	64	3	CALZADOS CON PISO DE CAUCHO, CUERO NATURAL	50	0
	64	4	CALZADOS CON PISO DE CAUCHO Y PARTE SUPERIOR MATERIAS TEXTILES	50	0
	64	5	LOS DEMÁS CALZADOS	50	0
	64	6	PARTES DE CALZADOS, PLANTILLAS, TALONERAS	50	0

0431 Materiales para el mantenimiento y las reparaciones corrientes de la vivienda cuando la reparación la realiza el propio hogar	48	14	PAPEL PARA DECORAR	50	0
	68	1	ADOQUINES ENCINTADOS Y LOSAS PARA PAVIMENTOS PIEDRA NATURAL	50	0
	68	2	PIEDRA DE TALLA O CONSTRUCCIÓN TRABAJADA	50	0
	68	3	PIZARRA NATURAL TRABAJADA Y MANUFACTURA	32,5	0
	68	4	MUELAS Y ARTÍCULOS SIMILARES	32,5	0
	68	5	ABRASIVOS NATURALES O ARTIFICIALES	50	0
	68	6	LANA DE ESCORIA	32,5	0
	68	7	MANUFACTURAS DE ASFALTO O DE PRODUCTOS SIMILARES	32,5	0
	68	8	PANELES, PLANCHAS, BALDOSAS, BLOQUES Y ARTÍCULOS SIMILARES	40	0
	68	9	MANUFACTURAS DE YESO O DE PREPARACIONES A BASE DE YESO	40	0
	68	10	MANUFACTURAS DE CEMENTO DE HORMIGÓN O DE PIEDRA ARTIFICIAL	40	0
	68	11	MANUFACTURAS DE AMIANTO CEMENTO	40	0
	68	12	AMIANTO TRABAJADO EN FIBRAS	40	0
	68	13	GUARNICIONES DE FRICCIÓN	50	0
	68	15	MANUFACTURAS DE PIEDRA.	2,5	0
	69	1	LADRILLOS, LOSAS, BALDOSAS, Y OTRAS PIEZAS DE CERÁMICA	32,5	0
	69	2	LADRILLOS, LOSAS, BALDOSAS Y PIEZAS CERÁMICA CONSTRUCCIÓN	32,5	0
	69	3	LOS DEMÁS ARTÍCULOS CERAMICOS REFRACTARIOS	32,5	0

69	4	LADRILLOS DE CONSTRUCCIÓN, BOVEDILLAS, CUBREVIGAS Y ARTÍCULOS SIMILARES	50	0
69	5	TEJAS, ELEMENTOS DE CHIMENEA, CONDUCTOS DE HUMO	50	0
69	6	TUBOS, CANALONES Y ACCESORIOS DE TUBERÍA, DE CERÁMICA	32,5	0
69	7	BALDOSAS Y LOSAS DE CERÁMICA PARA PAVIMENTACIÓN SIN BARNIZAR	50	0
69	8	BALDOSAS Y LOSAS, DE CERÁMICA PARA PAVIMENTACIÓN BARNIZADA O ESMALTADA	50	0
69	9	APARATOS Y ARTÍCULOS, DE CERÁMICA	32,5	0
69	10	FREGADERO, LAVABO, BAÑERA, INODORO, CISTERNA, DE USO SANITARIOS	50	0
69	11	VAJILLAS Y ARTÍCULOS USO DOMÉSTICO (PORCELANA)	50	0
69	12	VAJILLAS Y ARTÍCULOS USO DOMÉSTICO, OTRO MATERIAL CERÁMICO	50	0
70	2	VIDRIO EN BOLAS, BARRAS, VARILLAS O TUBOS	25	0
70	3	VIDRIO COLADO EN PLACAS, HOJAS O PERFILES	25	0
70	5	LUNAS DE VIDRIO	25	0
70	6	VIDRIO BISELADO	25	0
70	7	VIDRIO DE SEGURIDAD CONSTITUIDO POR VIDRIO TEMPLADO	50	0
70	8	VIDRIERAS AISLANTES DE PAREDES MÚLTIPLES	50	0
70	11	AMPOLLAS Y ENVOLTURAS TUBULARES	25	0

	70	12	AMPOLLAS DE VIDRIO PARA TERMOS Y DEMÁS RECIPIENTES	10	0
	70	13	VIDRIO, SERVICIO MESA, COCINA,TOCADOR	50	0
	70	15	CRISTALES PARA RELOJES Y CRISTALES ANÁLOGOS CRISTAL GAFAS	25	0
	70	16	ADOQUINES, LOSAS, LADRILLOS, BALDOSAS, TEJAS, ARTICULOS DE VIDRIO	50	0
	70	19	FIBRAS DE VIDRIO	17,5	0
	70	20	MANUFACTURAS DE VIDRIO	50	0
	75	7	TUBOS Y ACCESORIOS DE TUBERÍA DE NÍQUEL	17,5	0
	78	5	TUBOS Y ACCESORIOS DE TUBERÍA	50	0
	78	6	LAS DEMÁS MANUFACTURAS DE PLOMO	50	0
	79	6	TUBOS Y ACCESORIOS DE CINC	32,5	0
	79	7	LAS DEMÁS MANUFACTURAS DE CINC	17,5	0
	80	6	TUBOS Y ACCESORIOS DE TUBERÍA DE ESTAÑO	50	0
0431 Materiales para el mantenimiento y las reparaciones corrientes de la vivienda cuando la reparación la realiza el propio hogar	80	7	LAS DEMÁS MANUFACTURAS DE ESTAÑO	50	0
	83	2	GUARNICIONES, HERRAJES Y ARTÍCULOS SIMILARES DE METALES MUEBLES, PUERTA	32,5	0
	83	3	CAJAS DE CAUDALES, PUERTAS BLINDADAS	50	0
0454 Combustibles sólidos	27	3	TURBA	17,5	0
0511 Muebles y artículos de amueblamiento	69	13	ESTATUILLAS, ARTÍCULOS ADORNO	50	0

69	14	OTRAS MANUFACTURAS DE CERÁMICA	50	0
70	9	ESPEJOS DE VIDRIO CON MARCO O SIN ÉL	50	0
73	23	ARTÍCULOS DE USO DOMESTICO (DE FUNDICIÓN, HIERRO O ACERO)	50	0
73	24	ARTÍCULOS DE TOCADOR Y SUS PARTES DE HIERRO O ACERO	50	0
74	16	MUEBLES DE COBRE	50	0
82	2	SIERRAS DE MANO	2,5	0
85	13	LÁMPARAS ELÉCTRICAS PORTÁTILES	2,5	0
87	13	SILLONES MINUSVÁLIDOS	2,5	0
94	1	ASIENTOS INCLUSO LOS TRANSFORMABLES EN CAMAS	50	0
94	3	LOS DEMÁS MUEBLES Y SUS PARTES	50	0
94	5	APARATOS DE ALUMBRADO (LÁMPARAS)	50	0
97	1	CUADROS, PINTURAS Y DIBUJOS, HECHOS TO-TALMENTE A MANO	17,5	0
97	2	GRABADOS, ESTAMPAS Y LITOGRAFIÁS ORIGINALES	17,5	0
0511 Muebles y artícu-los de amueblamiento 97	3	OBRAS ORIGINALES DE ESTATUARIA O DE ESCULTURAS	17,5	0
0512 Alfombras y otros revestimien-tos de suelos 57	1	ALFOMBRAS DE NUDO DE MATERIAS TEXTILES	50	0
57	2	ALFOMBRAS Y DEMÁS REVESTIMIENTOS PARA EL SUELO	50	0
57	3	ALFOMBRAS Y DEMÁS REVESTIMIENTOS PARA EL SUELO CON PELO INS	50	0

0512 Alfombras y otros revestimientos de suelos	57	4	ALFOMBRAS Y DEMÁS REVESTIMIENTOS PARA EL SUELO SIN PELO INS	50	0
	57	5	LAS DEMÁS ALFOMBRAS Y REVESTIMIENTO PARA EL SUELO	50	0
0521 Artículos textiles para el hogar y sus reparaciones	58	2	TEJIDOS CON BUCLES PARA TOALLAS	40	0
	58	5	TAPICERÍA TEJIDA A MANO	50	0
	63	1	MANTAS	50	0
	63	2	ROPA DE CAMA, MESA, TOCADOR Y COCINA	50	0
	63	3	VISILLOS Y CORTINAS	50	0
	63	6	TOLDOS DE CUALQUIER CLASE	50	0
	94	4	SOMIERES, ARTÍCULOS DE CAMA Y ARTICULOS SIMILARES (COLCHONES)	50	0
0531 Grandes electrodomésticos, eléctricos o no	73	21	ESTUFAS, HORNILLOS (NO ELÉCTRICOS)	50	0
	73	22	RADIADORES, CALEFACCIÓN NO ELÉCTRICO	50	0
	82	10	APARATOS PARA ACONDICIONAR O SERVIR ALIMENTOS O BEBIDAS	50	0
	84	3	CALDERAS PARA CALEFACCIÓN CENTRAL	50	0
	84	15	ACONDICIONADORES DE AIRE	2,5	0
	84	16	QUEMADORES PARA LA ALIMENTACIÓN DE HOGARES	2,5	0
	84	18	REFRIGERADORES, CONGELADORES, CONSERVADORES	50	0
	84	19	APARATOS Y DISPOSITIVOS, AUNQUE SE CALIENTEN ELÉCTRICAMENTE	50	0

	84	21	CENTRIFUGADORAS Y SECADORAS	2,5	0
	84	22	LAVAVAJILLAS MÁQUINAS Y APARATOS PARA LIMPIAR	50	0
	84	37	MÁQUINAS PARA LA LIMPIEZA	2,5	0
	84	50	MÁQUINAS PARA LAVAR ROPA	50	0
	84	51	MÁQUINAS Y APARATOS PARA LAVAR, SECAR, ESCURRIR, PLANCHAR	2,5	0
	84	52	MÁQUINAS DE COSER	2,5	0
	85	9	APARATOS ELECTROMECÁNICOS CON MOTOR ELECTRICO DE USO DOMESTICO	10	0
0531 Grandes electrodomésticos, eléctricos o no	85	16	CALENTADORES ELECTRICOS DE AGUA Y DEMÁS APARATOS ELECTRICOS USO DOMÉSTICO	50	0
0532 Pequeños aparatos electrodomésticos	84	23	APARATOS E INSTRUMENTOS PARA PESAR	40	0
	85	11	APARATOS Y DISPOSITIVOS ELÉCTRICOS	40	0
0541 Cristalería, vajilla, cubertería, otros utensilios del hogar y sus reparaciones	39	24	VAJILLAS Y DEMÁS ARTÍCULOS DOMÉSTICOS, HIGIENE, TOCADOR DE PLÁSTICO	50	0
	40	14	ARTÍCULOS DE HIGIENE O FARMACIA INCLUIDAS, TETINAS DE CAUCHO	10	0
	70	10	BOMBONAS, BOTELLAS, FRASCOS, TARROS, POTES, ENVASES TUBULARES	50	0
	82	15	CUBERTERÍAS	50	0
	96	17	TERMOS Y DEMAS RECIPIENTES ISOTÉRMICOS	50	0

0551 Grandes herramientas eléctricas y sus reparaciones	84	59	MÁQUINAS DE TALADRAR	2,5	0
	84	67	HERRAMIENTAS NEUMÁTICAS O CON MOTOR	2,5	0
	84	68	MÁQUINAS Y APARATOS PARA SOLDAR	2,5	0
	85	15	MÁQUINAS Y APARATOS PARA SOLDAR	2,5	0
0552 Pequeñas herramientas y accesorios diversos y sus reparaciones	55	1	CABLES DE FILAMENTOS SINTÉTICOS	2,5	0
	55	2	CABLES DE FILAMENTOS ARTIFICIALES	2,5	0
	59	9	MANGUERAS PARA BOMBAS	40	0
	73	14	TELAS METALICAS	50	0
	74	13	CABLES, TRENZAS Y ARTÍCULOS SIMILARES DE COBRE	50	0
	82	1	PALAS, LAYAS, AZADAS, PICOS, HORCAS, HERRAMIENTAS SIMILARES CON FILO	50	0
	82	3	LIMAS, ESCOFINAS, ALICATES, TENAZAS, HERRAMIENTAS SIMILARES DE MANO	2,5	0
	82	4	LLAVES DE AJUSTE MANUALES	2,5	0
	82	5	HERRAMIENTAS DE MANO	2,5	0
	82	6	HERRAMIENTAS EN SURTIDOS PARA LA VENTA AL POR MENOR	2,5	0
	82	7	ÚTILES INTERCAMBIABLES PARA HERRAMIENTAS DE MANO	2,5	0
	82	8	CUCHILLAS Y HOJAS CORTANTES PARA MAQUINAS Y APARATOS MECÁNICOS	2,5	0
	82	9	PLAQUITAS, BARILLAS, PUNTAS Y OBJETO SIMILARES PARA ÚTILES	10	0

0552 Pequeñas herramientas y accesorios diversos y sus reparaciones	85	6	PILAS Y BATERÍAS DE PILAS ELÉCTRICAS	50	0
	85	35	APARATOS Y MATERIAL ELÉCTRICO (CIRCUITOS DE MAS DE 1000 V.)	40	0
	85	36	APARATOS Y MATERIAL ELÉCTRICO (CIRCUITOS DE MENOS DE 1000 V)	50	0
	85	37	MATERIAL ELÉCTRICO PARA LOS DOS CONCEPTOS ANTERIORES	40	0
	85	39	LÁMPARAS Y TUBOS ELECTRICOS	32,5	0
	85	40	MATERIAL ELÉCTRICO	10	0
	85	44	HILOS, CABLES Y DEMÁS CONDUCTORES	50	0
0561 Artículos no du-raderos para el hogar	34	4	CERAS ARTIFICIALES	40	0
	34	5	BETUNES Y CREMAS PARA EL CALZADO	50	0
	34	6	BUJÍAS, VELAS, CIRIOS	50	0
	35	6	COLAS Y DEMÁS ADHESIVOS PREPARADOS	50	0
	36	5	FÓSFOROS (CERILLAS)	50	0
	38	8	INSECTICIDAS, RATICIDAS, FUNGICIDAS, ELBICIDAS	50	0
	38	14	DISOLVENTES O DILUYENTES ORGÁNICOS COMPUESTOS	17,5	0
	48	19	CAJAS, SACOS, BOLSAS, CUCURUCHOS Y DEMÁS ENVASES DE PAPEL	50	0
	48	23	LOS DEMÁS PAPELES	50	0
	56	4	HILOS Y CUERDAS DE CAUCHO	32,5	0
	56	7	CORDELES, CUERDAS Y CORDAJES	50	0
	73	16	ANCLAS, REZONES Y SUS PARTES	2,5	0

	73	17	PUNTAS, CLAVOS, CHINCHE-TAS, GRAPAS APUNTADAS	50	0
	73	18	TORNILLOS, PERNOS, TUERCAS, TIRAFONDOS	50	0
	73	19	AGUJAS DE COSER Y TEJER, PASACINTAS	10	0
	74	15	PUNTAS, CLAVOS, CHINCHE-TAS, GRAPAS APUNTADAS, Y ARTÍCULOS SIMILARES	50	0
	76	15	ARTÍCULOS USO DOMÉSTICOS (ALUMINIOS)	50	0
	76	16	LAS DEMÁS MANUFACTURAS DE ALUMINIO	50	0
0561 Artículos no du-raderos para el hogar	96	3	ESCOBAS,CEPILLOS Y BROCHAS	50	0
0611 Productos, aparatos y equipos médicos	22	10	ALCOHOL DESNATURALIZADO PARA USO CLÍNICO O SANITARIO	15	15
	30	1	GLÁNDULAS Y DEMÁS USOS ORTOPÉDICOS	25	0
	30	3	MEDICAMENTOS SIN ACONDICIONAR PARA LA VENTA AL POR MENOR	25	0
	30	4	MEDICAMENTOS ACONDICIONADOS PARA LA VENTA AL POR MENOR	25	0
	30	5	GUATAS, GASAS, VENDAS Y ARTÍCULOS ANÁLOGOS	17,5	0
	30	6	PREPARACIONES FARMACÉUTICAS	40	0
	87	17	VEHÍCULOS AUTOMÓVILES ADAPTADOS PARA MINUSVÁLIDOS	15	15
	90	4	GAFAS DE SOL, DEPORTE	10	0
	90	21	ARTÍCULOS Y APARATOS DE ORTOPEDIA	2,5	0
0711 Automóviles	87	3	COCHES DE TURISMO Y DEMÁS VEHÍCULOS	17,5	0

0712 Motos y ciclomotores	87	11	MOTOCICLETAS (INCLUIDOS CON PEDALES) Y CICLOS CON MOTOR AUXILIAR	32,5	0
	99	16	CICLOMOTORES 75 C/C IGUAL O MENOR	16	16
0713 Bicicletas	87	12	BICICLETAS Y DEMÁS CICLOS INCLUID. LOS TRICICLOS DE REPARTO	25	0
0721 Compra de piezas de repuesto y accesorios de ve-hículos personales para reparaciones realizadas por los miembros del hogar	83	1	CANDADOS, CERRADURAS Y CERROJOS	10	0
	87	8	ACCESORIOS Y PARTES DE AUTOMÓVILES	32,5	0
	87	14	ACCESORIOS Y PARTES DE MOTOCICLETAS Y BICICLETAS	50	0
0722 Carburantes y lubricantes	27	9	ACEITES CRUDOS DE PETRÓLEO O DE MINERALES BITUMINOSOS	17,5	0
	27	10	ACEITES DE PETRÓLEO O MINERALES BITUMINOSOS	50	0
	27	11	GAS DE PETRÓLEO Y OTROS HIDROCARBUROS GASEOSOS	32,5	0
	38	19	LÍQUIDOS PARA FRENOS HIDRÁULICOS	50	0
	38	20	PREPARACIONES ANTICONGELANTES Y PREPARADOS PARA DESCONGELAR	50	0
0811 Servi-cios postales	49	7	SELLOS DE CORREOS, TIMBRES FISCALES Y ANÁLOGOS	17,5	0
	97	4	SELLOS DE CORREOS, TIMBRES FISCALES, MARCAS POSTALES	25	0

0821 Equipos de teléfono y fax	85	17	APARATOS ELÉCTRICOS DE TELEFONÍA O TELEGRAFÍA	2,5	0
0911 Aparatos receptores, registradores y reproductores de sonido y de imagen	85	18	MICRÓFONOS Y SUS SOPORTES (ALTAVOCES, AURICULARES, AMPLIFICA)	10	0
	85	19	GIRADISCOS, TOCADISCOS, REPRODUCTORES DE CASSETES Y DEMÁS	10	0
	85	20	MAGNETÓFONOS Y DEMÁS APARATOS DE GRABACIÓN DE SONIDO	10	0
	85	21	APARATOS DE GRABACIÓN DE IMAGEN Y SONIDO (VÍDEOS)	10	0
	85	22	ACCESORIOS DE LOS TRES CONCEPTOS ANTERIORES	10	0
	85	25	EMISORES DE RADIOTELEFONÍA, RADITELEGRAFÍA	2,5	0
	85	27	RECEPTORES DE RADIOTELEFONÍA	10	0
	85	28	RECEPTORES DE TELEVISIÓN, VÍDEOS	10	0
	85	29	ANTENAS Y ACCESORIOS	17,5	0
	90	36	TERMÓMETROS MÉDICOS	0	0
0912 Equipo fotográfico y cinematográfico; instrumentos ópticos	37	1	PLACAS Y PELÍCULAS PLANAS, FOTOGRÁFICAS	10	0
	37	2	PELÍCULAS FOTOGRÁFICAS EN ROLLO	10	0
	37	4	PLACAS, PELICULAS, PAPEL, CARTON, TEXTILES FOTOGRAF. IMPRESIONA.	50	0
	37	5	PLACAS Y PELICULAS IMPRESIONADAS EXCEPTO LAS CINEMATOGRAFIC.	50	0
	37	7	PREPARACIONES QUÍMICAS PARA USO FOTOGRÁFICO.	10	0
	90	5	GEMELOS, PRISMÁTICOS, TELESCOPIOS	2,5	0

0912 Equipo fotográfico y cinematográfico; instrumentos ópticos	90	6	APARATOS FOTOGRÁFICOS Y SUS ACCESORIOS	2,5	0
	90	7	CÁMARAS, PROYECTORES INCLUSO VÍDEOS	10	0
	90	8	PROYECTORES, IMAGEN FIJA, AMPLIADORAS	2,5	0
	90	11	MICROSCOPIOS ÓPTICOS	2,5	0
0913 Material de tratamiento de la información	84	43	MÁQUINAS Y APARATOS PARA IMPRIMIR	2,5	0
	84	69	MÁQUINAS DE ESCRIBIR.	2,5	0
	84	70	MÁQUINAS DE CALCULAR	2,5	0
	84	71	MÁQUINAS INFORMÁTICAS (ORDENADORES)	2,5	0
	84	72	COPIADORAS	10	0
	84	73	ACCESORIOS DE LOS CUATRO CONCEPTOS ANTERIORES	40	0
0914 Soporte para el registro de imagen, sonido y datos	37	3	PAPEL, CARTON Y TEXTILES, FOTOGRÁFICOS SIN IMPRESIONAR	40	0
	85	23	SOPORTES PREPARADOS PARA GRABAR SONIDO	17,5	0
	85	24	DISCOS,CINTAS Y DEMÁS SOPORTES PARA GRABAR SONIDO	17,5	0
0921 Otros bienes duraderos importantes para el ocio y la cultura al aire libre	87	16	REMOLQUES Y SEMIREMOLQUES PARA CUALQUIER VEHÍCULOS	2,5	0
	89	3	YATES Y DEMÁS BARCOS Y EMBARCACIONES DE RECREO O DEPORTE	10	0
0922 Instrumentos musicales y otros bienes duraderos para el ocio y la cultura en lugares cubiertos	92	1	PIANOS, INCLUSO AUTOMÁTICOS	10	0

	92	2	LOS DEMÁS INSTRUMENTOS MUSICALES DE CUERDA	10	0
	92	5	LOS DEMÁS INSTRUMENTOS MUSICALES DE VIENTO	10	0
	92	6	INSTRUMENTOS MUSICALES DE PERCUSIÓN	10	0
0922 Instrumentos musicales y otros bienes duraderos para el ocio y la cultura en lugares cubiertos	92	7	INSTRUMENTOS MUSICALES DE SONIDO QUE TENGAN AMPLIFICACIÓN	10	0
	92	8	CAJAS DE MÚSICA	50	0
	92	9	ACCESORIOS DE INSTRUMENTOS MUSICALES	50	0
0931 Juegos, juguetes y hobbies; equipo para deporte y entretenimiento al aire libre	95	1	JUGUETES DE RUEDAS DISEÑADO PARA SER MONTADOS POR LOS NIÑOS	10	0
	95	2	MUÑECAS QUE REPRESENTEN SERES HUMANOS	10	0
	95	3	LOS DEMÁS JUGUETES	10	0
	95	4	ARTICULOS PARA JUEGOS DE SOCIEDAD	10	0
	95	5	ARTÍCULOS PARA FIESTAS, CARNAVAL Y OTRAS DIVERSIONES	10	0
	97	5	COLECCIONES Y ESPECÓMENES PARA COLECCIONES DE ZOOLOGÍA	17,5	0
0932 Equipo para el deporte, camping y entretenimiento al aire libre	95	6	ARTÍCULOS Y MATERIAL PARA GIMNASIA	10	0
	95	7	CAÑAS DE PESCAR, ANZUELOS Y DEMÁS ARTÍCULOS PARA PESCA CON CAÑA	10	0
0933 Jardinería y flores	6	1	BULBOS, CEBOLLAS, TUBÉRCULOS, RAÍCES TUBEROSAS	17,5	17,5
	6	2	LAS DEMÁS PLANTAS VIVAS INCLUIDAS SUS RAÍCES Y ESQUEJES	2,5	2,5

	6	3	FLORES Y CAPULLOS	49	49
	6	4	FOLLAJE, HOJAS, RAMAS Y DEMÁS PARTES DE PLANTAS	49	49
	12	9	SEMILLAS, FRUTOS Y ESPORAS PARA SIEMBRAS	2,5	2,5
	31	1	ABONOS DE ORIGEN ANIMAL O VEGETAL	2,5	0
	31	2	ABONOS MINERALES O QUÍMICOS NITROGENADOS	2,5	0
0933 Jardinería y flores	31	5	ABONOS MINERALES O QUÍMICOS CON 2 O 3 DE LOS ELEM. FERTILIZ.	2,5	0
0934 Animales domésticos	23	1	ALIMENTOS PREPARADOS PARA ANIMALES	25	25
	23	9	ALIMENTOS PARA PERROS O GATOS	32,5	32,5
0951 Libros	48	20	LIBROS REGISTROS, CONTABILIDAD, TALONARIO	50	0
	49	1	LIBROS	17,5	0
	49	4	MÚSICA MANUSCRITA O IMPRESA	32,5	0
	84	40	MÁQUINAS Y APARATOS PARA ENCUADERNACIÓN	2,5	0
0952 Prensa	49	3	ÁLBUMES O LIBROS DE ESTAMPAS PARA NIÑOS	40	0
0953 Impresos diversos	49	6	PLANOS Y DIBUJOS ORIGINALES HECHOS A MANO	17,5	0
	49	9	TARJETAS POSTALES IMPRESAS O ILUSTRADAS	50	0
	49	10	CALENDARIOS DE CUALQUIER CLASE	50	0
	49	11	LOS DEMÁS IMPRESOS INCLUIDAS LAS ESTAMPAS GRABADAS Y FOTOGR	17,5	0

0954 Materiales de papelería y pintura	32	13	COLORES PARA LA PINTURA ARTÍSTICA	50	0
	48	2	PAPEL Y CARTÓN, SIN ESTUCAR	50	0
	48	4	PAPEL Y CARTÓN KRAFT	50	0
	48	5	LOS DEMÁS PAPELES Y CARTONES	50	0
	48	6	PAPEL Y CARTÓN SULFURIZADO	50	0
	48	7	PAPEL Y CARTÓN OBTENIDO POR PEGADO DE HOJAS PLANAS	50	0
	48	8	PAPEL Y CARTÓN ONDULADO	50	0
	48	9	PAPEL CARBÓN AUTOCOPIA	50	0
	48	10	PAPEL Y CARTÓN ESTUCADO	50	0
	48	11	PAPEL, CARTON Y GUATA DE CELULOSA	50	0
	48	16	PAPEL CARBÓN AUTOCOPIA	50	0
	48	17	SOBRES, SOBRES CARTA, TARJETAS POSTALES SIN ILUSTRAR	50	0
	49	8	CALCOMANÍAS DE CUALQUIER CLASE	17,5	0
	96	8	BOLÍGRAFOS, ROTULADORES, Y MARCADORES	10	0
	96	9	LÁPICES, MINAS, PASTELES, CARBONCILLOS	50	0
	96	10	PIZARRAS Y TABLEROS PARA ESCRIBIR O DIBUJAR	32,5	0
	96	11	FECHADORES, SELLOS, NUMERADORES, TIMBRADORES	50	0
0954 Materiales de papelería y pintura	96	12	CINTAS PARA MÁQUINAS DE ESCRIBIR Y CINTAS SIMILARES	17,5	0
1211 Peluquería y estética personal	33	5	PREPARACIONES CAPILARES	50	0

1212 Aparatos, artículos y productos para los cuidados personales	5	9	ESPONJAS NATURALES DE ORIGEN ANIMAL		
	33	3	PERFUMES Y AGUA DE TOCADOR	50	0
	33	4	PREPARACIONES DE BELLEZA, DE MAQUILLAJE Y PARA CUIDADO PIEL	50	0
	33	6	PREPARACIONES PARA LA HIGIENE BUCAL O DENTAL	50	0
	33	7	PREPARACIONES PARA AFEITAR, ANTES O DESPUÉS AFEITADO	50	0
	34	1	JABONES, PRODUCTOS Y PREPARACIONES ORGÁNICOS TENSOACTIVOS	50	0
	34	2	AGENTES DE SUPERFICIE ORGÁNICOS	17,5	0
	48	3	PAPEL TIPO HIGIÉNICO, PAÑUELOS, TOALLAS, SERVILLETAS	50	0
	48	18	PAPEL, PAÑALES, COMPRESAS, TAMPONES HIGIÉNICOS Y ARTÍCULOS SIMILARES	50	0
	82	11	CUCHILLOS Y NAVAJAS	50	0
	82	12	NAVAJAS Y MÁQUINAS DE AFEITAR Y SUS HOJAS	10	0
	82	13	TIJERAS Y SUS HOJAS	50	0
	82	14	LOS DEMÁS ARTÍCULOS DE CUCHILLERIA (MAQUINA DE CORTAR PELO)	50	0
	85	10	MÁQUINAS DE AFEITAR, DE CORTAR EL PELO Y DE ESQUILAR ELECTRICAS	10	0
	85	43	MÁQUINAS Y APARATOS ELECTRICOS CON UNA FUNCIÓN PROPIA	2,5	0
	96	5	SURTIDOS DE VIAJE PARA EL ASEO PERSONAL	50	0
	96	15	PEINES, PEINETAS, PASADORES	50	0

1221 Joyería, bisutería y relojería					
	70	18	CUENTAS DE VIDRIO, PERLAS, PIEDRAS PRECIOSAS DE VIDRIO	50	0
	71	1	PERLAS FINAS O CULTIVADAS	50	0
	71	2	DIAMANTES, INCLUIDOS SIN MONTAR NI ENGARZAR	25	0
	71	3	PIEDRAS PRECIOSAS Y SEMIPRECIOSAS	25	0
	71	4	PIEDRAS SINTÉTICAS O RECONSTITUIDAS	25	0
	71	5	POLVO DE PIEDRAS PRECIOSAS	25	0
	71	6	PLATA, INCLUIDA LA PLATA DORADA	25	0
	71	7	CHAPADOS DE PLATA SOBRE METALES COMUNES	25	0
	71	8	ORO, INCLUIDO EL ORO PLATINADO EN BRUTO	25	0
	71	12	DESPERDICIOS Y RESIDUOS DE METALES PRECIOSOS	25	0
	71	13	ARTÍCULOS DE JOYERÍA Y SUS PARTES	50	0
	71	14	ARTÍCULOS DE ORFEBRERÍA Y SUS PARTES	50	0
	71	15	LAS DEMÁS MANUFACTURAS DE METALES PRECIOSOS	25	0
	71	16	MANUFACTURAS DE PERLAS FINAS O CULTIVADAS	50	0
	71	17	BISUTERÍA	50	0
	91	1	RELOJES DE PULSERA	10	0
	91	2	RELOJES DE BOLSILLO O SIMILARES	10	0
	91	3	DESPERTADORES Y DEMÁS RELOJES CON PEQUEÑO MECANISMO RELOJER	10	0
	91	5	LOS DEMÁS RELOJES	10	0
	91	13	PULSERAS PARA RELOJES Y SUS PARTES	10	0

1222 Otros efectos personales					
	42	2	BAULES, MALETAS, MALETINES, INCLUIDOS LOS DE ASEO	50	0
	87	15	COCHES,SILLAS Y VEHÍCULOS PARA EL TRANSPORTE DE NIÑOS Y SUS PARTES	50	0
	96	13	ENCENDEDORES Y MECHEROS	50	0
	96	14	PIPAS, BOQUILLAS PARA CIGARROS Y SUS PARTES	50	0

Tabla 11 Estimación ecuación exportaciones a Marruecos

Variable dependiente: EXPM
Método: Panel Least Squares
Fecha: 08/27/20 Hora: 18:58
Muestra (periódo): 2018 - 2020
Peridos incluidos: 19
Secciones incluidas: 56
Total de observaciones: 1064
Convergencia lograda despues de 4 interaciones

Variable	Coeficiente	Error Std.	t-estadistico	Prob.
C	-2603491.	1579251.	-1.648561	0.0995
PR	212026.8	40804.54	5.196156	0.0000
PIBMA1(-1)	3.17E-05	2.26E-05	1.402873	0.1609
F1	-1545619.	1157314.	-1.335523	0.1820
EXPM(-1)	0.974074	0.012931	75.32797	0.0000
AR(1)	0.180364	0.033584	5.370508	0.0000

R-squared	0.921206	Mean dependent var	9057955.
Adjusted R-squared	0.920833	S.D. dependent var	36385713
S.E. of regression	10237682	Akaike info criterion	35.12667
Sum squared resid	1.11E+17	Schwarz criterion	35.15470
Log likelihood	-18681.39	Hannan-Quinn criter.	35.13729
F-statistic	2473.879	Durbin-Watson stat	1.917085
Prob(F-statistic)	0.000000		

J. A. Martín Segura; A. Ramírez Hurtado y C. Pérez López

Tabla 12 Estimación impacto en el PIB de Ceuta de distintas variables

Variable dependiente: PIBCE
Método: Panel Least Squares
Fecha: 08/29/20 Hora: 23:54
Muestra (periódo): 2018 - 2020
Periódos incluidos: 19
Secciones incluidas: 56
Total observaciones: 1064
Convergencia lograda despues de 19 interaciones

Variable	Coeficiente	Error Std.	t-estadistico	Prob.
C	405161.5	41135.52	9.849431	0.0000
IMPCE	9.12E-05	6.24E-05	1.460763	0.1444
FBKFCE	1.318601	0.042059	31.35106	0.0000
F1*PIBPCMA1(-1)	7.914054	0.988906	8.002837	0.0000
AR(1)	0.749675	0.034351	21.82396	0.0000

Effects Specification

Cross-section fixed (dummy variables)

R-squared	0.991380	Mean dependent var		1439921.
Adjusted R-squared	0.990873	S.D. dependent var		210454.9
S.E. of regression	20105.87	Akaike info criterion		22.71015
Sum squared resid	4.06E+11	Schwarz criterion		22.99040
Log likelihood	-12021.80	Hannan-Quinn criter.		22.81634
F-statistic	1957.011	Durbin-Watson stat		1.666319
Prob(F-statistic)	0.000000			

| Inverted AR Roots | .75 | | | |

Tabla 13 Efectos fijos ecuación impacto PIB Ceuta

Id.panel	Grupos Consumo	Coeficiente efectos fijos
19	0211 Espirituosos y licores	9711148
10	0121 Café, té, cacao	8577533
49	0721 Compra de piezas de repuesto y accesorios de vehículos personales para reparaciones realizadas por los miembros del hogar	8292710
44	0552 Pequeñas herramientas y accesorios diversos y sus reparaciones	8073517
33	0913 Material de tratamiento de la información	7418175
1	0115 Aceites y grasas	6983048
32	0431 Materiales para el mantenimiento y las reparaciones corrientes de la vivienda cuando la reparación la realiza el propio hogar	5955232
5	0911 Aparatos receptores, registradores y reproductores de sonido y de imagen	5348701
21	0531 Grandes electrodomésticos, eléctricos o no	5309545
28	1221 Joyería, bisutería y relojería	4374276
35	0511 Muebles y artículos de amueblamiento	3362441
39	0313 Otros artículos y accesorios de vestir	3028918
23	0117 Hortalizas incluyendo patatas y otros tubérculos	2219782
54	0541 Cristalería, vajilla, cubertería, otros utensilios del hogar y sus reparaciones	1741965
14	0454 Combustibles sólidos	1478738
50	0811 Servicios postales	1473444
3	0512 Alfombras y otros revestimientos de suelos	1462850
43	0532 Pequeños aparatos electrodomésticos	1459090
9	0713 Bicicletas	1457583
46	0952 Prensa	1455437
24	0953 Impresos diversos	1444848
27	0933 Jardinería y flores	1443875

25	0922 Instrumentos musicales y otros bienes duraderos para el ocio y la cultura en lugares cubiertos	1432263
22	0551 Grandes herramientas eléctricas y sus reparaciones	1429068
17	0912 Equipo fotográfico y cinematográfico; instrumentos ópticos	1411219
37	0921 Otros bienes duraderos importantes para el ocio y la cultura al aire libre	1379489
41	0954 Materiales de papelería y pintura	1369553
4	0934 Animales domésticos	1364822
51	0914 Soporte para el registro de imagen, sonido y datos	1363478
26	0932 Equipo para el deporte, camping y entretenimiento al aire libre	1346439
15	0541 Cristalería, vajilla, cubertería, otros utensilios del hogar y sus reparaciones	1322502
53	0311 Telas	1318023
55	0212 Vinos	1289648
34	0712 Motos y ciclomotores	1252252
42	1211 Peluquería y estética personal	1228361
38	1222 Otros efectos personales	1200521
13	0213 Cerveza	1092736
6	0561 Artículos no duraderos para el hogar	1085379
31	0951 Libros	1073423
18	0821 Equipos de teléfono y fax	1068979
29	0931 Juegos, juguetes y hobbies; equipo para deporte y entretenimiento al aire libre	1046336
11	0722 Carburantes y lubricantes	-29442,25
7	0711 Automóviles	-1085527
52	0221 Tabaco	-1260827
16	1212 Aparatos, artículos y productos para los cuidados personales	-1701872
47	0312 Prendas de vestir	-1816185

2	0122 Aguas minerales, bebidas refrescantes y zumos	-1917763
20	0116 Frutas	-2052730
30	0114 Leche, queso y huevos	-2285675
12	0112 Carne	-2848824
45	0113 Pescado	-2908820
56	0321 Zapato y otro tipo de calzado	-3511504
8	0118 Azúcar, confituras, miel, chocolate, confitería y helados	-4312695
36	0119 Productos alimenticios no comprendidos anteriormente	-5226856
40	0111 Pan y cereales	-9125963
48	0611 Productos, aparatos y equipos médicos	-9298762

Fuente: Elaboración Propia con Ewiews 10

FT-2